startup weekend

startup weekend

Como Levar uma Empresa do **Conceito** à **Criação** em 54 Horas

MARC NAGER
CLINT NELSEN
FRANCK NOUYRIGAT

ALTA BOOKS
EDITORA
Rio de Janeiro, 2012

ISBN: 978-85-7608-770-0

Produção Editorial
Editora Alta Books

Gerência Editorial
Anderson Vieira

Supervisão Gráfica & Editorial
Angel Cabeza

Supervisão de Qualidade Editorial
Sergio Luiz de Souza

Conselho de Qualidade Editorial
Adalberto Taconi
Anderson Vieira
Angel Cabeza
Pedro Sá
Sergio Luiz de Souza

Editoria de Projetos Especiais
Marcelo Vieira

Equipe de Design
Adalberto Taconi
Bruna Serrano
Iuri Santos
Marco Aurélio Silva

Equipe Editorial
Ana Lucia Silva
Brenda Ramalho
Camila Werhahn
Cláudia Braga
Cristiane Santos
Daniel Siqueira
Evellyn Pacheco
Juliana de Paulo
Licia Oliveira
Milena Souza
Natália Gonçalves
Paulo Camerino
Rafael Surgek
Thiê Alves
Vanessa Gomes
Vinicius Damasceno

Tradução
Guilherme Sarkis

Copidesque
Márcia Helena Mendes dos Santos

Revisão Gramatical
Tássia Carvalho

Revisão Técnica
Luiz Carlos Conte
Especialista em inbound marketing e inbound marketing-s certified professional

Diagramação
Mariana Tavares

Marketing e Promoção
Daniel Schilklaper
marketing@altabooks.com.br

1ª Reimpressão, 2013

Dados Internacionais de Catalogação na Publicação (CIP)

N147s Nager, Marc.
Startup weekend : como levar uma empresa do conceito à criação em 54 horas / Marc Nager, Clint Nelsen, Franck Nouyrigat. – Rio de Janeiro, RJ : Alta Books, 2012.
200 p. : il. ; 14 x 21 cm.

Inclui índice.
Tradução de: Startup weekend.
ISBN 978-85-7608-770-0

1 1. Empresas novas. 2. Empreendimentos. 3. Sucesso nos negócios. I. Nelsen, Clint. II. Nouyrigat, Franck. III. Título.

CDU 658.11
CDD 658.1

Índice para catálogo sistemático:
1. Empresas novas 658.11
(Bibliotecária responsável: Sabrina Leal Araujo – CRB 10/1507)

ALTA BOOKS
EDITORA

Rua Viúva Cláudio, 291 – Bairro Industrial do Jacaré
CEP: 20970-031 – Rio de Janeiro – Tels.: 21 3278-8069/8419 Fax: 21 3277-1253
www.altabooks.com.br – e-mail: altabooks@altabooks.com.br
www.facebook.com/altabooks – www.twitter.com/alta_books

Este livro é dedicado a empreendedores.
Por causa de vocês, o mundo é um lugar melhor.

Sumário

Prólogo

Carl Schramm e Steve Blank

A Arte e a Ciência de Startups* em Tempos Revolucionários

No futuro, vamos nos referir a esta década (2010 a 2020) como o começo de uma revolução econômica tão significativa e transformadora quanto a Revolução Científica do século XVI e a Revolução Industrial do século XVIII. Estamos com os pés no início de uma revolução do *empreendedorismo*. Isso não significa apenas mais produtos tecnológicos (embora, certamente, teremos uma boa dose destes). Essa é uma revolução que irá remodelar permanentemente o mundo dos negócios como o conhecemos, e, ainda mais importante, mudar a qualidade de vida por todo o planeta para aqueles que vêm depois de nós. E organizações como o Startup Weekend estão na vanguarda desse desenvolvimento inovador.

As Barreiras ao Empreendedorismo

Nos últimos 40 anos, startups continuaram a inovar conforme cada onda de tecnologia se sucedia. Porém, a *taxa de inovação* era reprimida pelas limitações que começamos a compreender recentemente. Apenas nos últimos anos é que começamos a aceitar que as startups, no passado, eram reprimidas por fatores como:

1. Longos ciclos de desenvolvimento tecnológico (a demora para fazer de uma ideia um produto).
2. O alto custo de chegar aos consumidores iniciais (o custo para fabricar o produto).

---

*N.E.: *Startup* é uma empresa em seus estágios iniciais. Normalmente se refere à fase de concepção e fundação recente. É um termo particularmente comum entre empresas de base tecnológica.

3. A estrutura da indústria do capital de risco (como havia um número limitado de empresas de capital de risco, cada qual tendo de investir milhões por startup).
4. O conhecimento de como construir startups (o qual estava acumulado em regiões como o Vale do Silício, Boston e Nova York).
5. A taxa de fracasso dos novos empreendimentos (as startups não tinham regras formais, e eram, frequentemente, proposições de *tentativa e erro*).
6. A lenta taxa de adoção das novas tecnologias por governos e grandes empresas.

Felizmente, para nós, muitos desses elementos mudaram drasticamente nos últimos anos. Não apenas os ciclos de tecnologia estão acelerando e o custo de levar os produtos aos consumidores diminuindo, mas organizações como o Startup Weekend estão levando conhecimento e networking a números maiores de empreendedores.

A Democratização do Empreendedorismo

O que está acontecendo é algo mais profundo que a mudança de tecnologia; a mudança está no fato de que muitos dos fatores inibidores e limitadores de startups e inovação estão sendo removidos. Tudo de uma vez, começando agora.

Comprimindo o Ciclo de Desenvolvimento do Produto: No passado, o tempo para construir uma primeira versão do produto era medido em meses ou até anos, uma vez que as startups levavam tempo para executar a visão do fundador daquilo que os consumidores queriam. Isso significava construir praticamente todos os recursos possíveis que a equipe de fundadores havia visualizado em uma versão monolítica do produto. E, ainda, de tempos em tempos, as startups descobriam que os consumidores não utilizavam ou sequer queriam a maioria dos recursos *após* o produto ser enviado. Os fundadores estavam simplesmente errados em suas conclusões sobre as necessidades dos clientes, e desperdiçavam esforços consideráveis desenvolvendo todos aqueles recursos não utilizados.

Felizmente, as startups de hoje começaram a criar produtos de maneira diferente. Em vez de construir o maior número de recursos imagináveis, eles procuram entregar um *conjunto mínimo de recursos* no menor tempo possível. Isso os permite lançar uma versão inicial do produto aos consumidores em uma fração do tempo. De fato, para produtos que são simplesmente bits enviados pela internet, um produto inicial pode ser entregue em semanas, e não em anos.

Startups Construídas com Milhares e Não Milhões de Dólares: Tradicionalmente, as startups precisavam de milhões de dólares de investimento apenas para chegar ao seu primeiro produto para consumidores. Por exemplo, uma empresa que desenvolvesse softwares teria de comprar computadores e licenciar softwares de outras empresas, além de contratar uma equipe para gestão e manutenção. Uma startup de hardware precisava gastar dinheiro construindo protótipos e equipando uma indústria para fabricar o produto.

Hoje em dia, softwares de código aberto reduziram os custos de desenvolvimento de software indo de milhões de dólares para alguns milhares. Nenhum fabricante de hardware para consumidores precisa construir sua própria fábrica, já que os custos são absorvidos por fabricantes estrangeiros. E o custo de lançar o primeiro produto para uma startup de comércio eletrônico ficou *dez ou mais* vezes menor na última década.

A Nova Estrutura da Indústria do Capital de Risco: A redução nos custos para levar um produto inicial ao mercado, especialmente para startups de Internet, sacudiu a indústria do capital de risco. Este costumava ser um clube exclusivo concentrado ao redor de empresas formais em áreas como o Vale do Silício, Boston e Nova York. Embora estas empresas ainda estejam lá e venham crescendo, a disponibilidade de investimento de *capital de risco* em startups se expandiu, e uma nova classe de investidores apareceu. Novos grupos de capitalistas de risco chamados de *superanjos*, os quais costumam ser menores que os fundos tradicionais de centenas de milhões de dólares, podem fazer os pequenos investimentos necessários para ajudar a lançar uma startup de Internet para consumidores. Esses anjos fazem muitas apostas iniciais e assumem riscos quando os primeiros resultados aparecem. E os resultados *de fato* aparecem alguns anos mais cedo do que em uma startup tradicional.

Além dos superanjos, *incubadoras* como Y Combination e TechStars, além das mais de 100 outras como elas pelo mundo, começaram a formalizar os investimentos iniciais; pagam despesas em programas formais de três meses, enquanto uma startup constrói algo suficientemente impressionante para angariar investimentos em escalas maiores.

Contudo, os penúltimos eventos nessa área são os Startup Weekends: conferências de 54 horas que permitem a desenvolvedores, designers, publicitários, gerentes de produto e entusiastas de startups se reunir para compartilhar ideias, formar equipes, construir produtos e lançar startups.

O Startup Weekend também vem enfatizando o fato de que capital de risco e investimento anjo não são mais um fenômeno norte-americano ou eurocêntrico. Capital de risco vem emergindo na China, na Índia e em outros países onde assumir riscos, inovação e liquidez é em escalas que antes só eram vistas nos Estados Unidos.

A emergência dessas incubadoras e desses superanjos expandiu *dramaticamente* as fontes de capital inicial. E esta globalização do empreendedorismo significa que o volume de potenciais startups ao redor do mundo cresceu *pelo menos dez vezes* desde a virada do século.

A Ciência do Empreendedorismo como Gestão Independente: Nos últimos dez anos, empreendedores começaram a entender um fato essencial: Startups não são simplesmente versões menores de empresas grandes. Enquanto empresas *executam* modelos de negócios, startups *buscam* um modelo de negócios. Ou talvez, mais precisamente, startups são organizações temporárias desenhadas para *buscar* um modelo de negócio capaz de ser ampliado e reproduzido.

Sendo assim, em vez de adotar técnicas de gestão de empresas grandes, as quais frequentemente sufocam a inovação em startups jovens, os empreendedores começaram a desenvolver suas próprias ferramentas de gestão. Utilizando o kit de soluções de modelo de negócios/desenvolvimento de clientes/desenvolvimento ágil, esses indivíduos primeiro mapeiam suas conclusões (em outras palavras, seu modelo de negócio) e, então, testam essas hipóteses com consumidores finais (desenvolvimento de clientes) e utilizam uma metodologia de desenvolvimento interativo e incremental (desenvolvimento ágil) para construir o produto. Quando os fundadores descobrem as conclusões equivocadas, como acontece inevitavelmente, o resultado não é uma crise; é um evento de aprendizado chamado de pivô — e uma oportunidade de mudar o modelo de negócio.

Como resultado, as startups agora têm ferramentas que aceleram a busca por consumidores, e não apenas reduzem o tempo para ir ao mercado, como também os custos de desenvolvimento.

Consumidores na Internet Motivando a Inovação: Nos anos 1950 e 1960, as organizações Americanas de Defesa e Inteligência ditaram o ritmo da inovação no Vale do Silício fornecendo dinheiro para pesquisa e desenvolvimento às universidades, e compraram os sistemas de armas que utilizaram os primeiros componentes de micro-ondas e semicondutores da região. Nos anos 1970, 1980 e 1990, o impulso mudou para a iniciativa privada conforme grandes empresas apoiaram a inovação em computadores pessoais, hardware para comunicação e softwares para empresas. Atualmente, contudo, governo e empresas são mais seguidores que líderes. Hoje é o consumidor — especificamente, consumidor de empresas da Internet — que motiva a inovação. Quando o produto e o canal são compostos de bits, a adoção de dezenas e centenas de milhões de usuários pode acontecer em anos, e não em décadas.

A Singularidade Empreendedora: As barreiras ao empreendedorismo não estão sendo apenas removidas. Em quase todos os casos, também são substituídas por inovações que estão acelerando a cada passo, algumas multiplicadas por 10. Por exemplo, o tempo necessário para colocar o primeiro produto no mercado em startups de comércio na Internet foi reduzido em fator de 10, assim como o dinheiro necessário para levar o primeiro produto ao mercado. Somado a isso, o número de fontes de capital inicial para empreendedores multiplicou-se por 10, e assim por diante. E, embora a inovação seja movida à velocidade da Internet, isso não se limitará apenas a startups de comércio na Internet; vai se espalhar ao mundo dos empreendimentos e, ao fim, a todos os *outros segmentos de negócios.*

Quando Está mais Escuro, Vemos as Estrelas

O que significa estarmos à beira de uma revolução tão importante quanto as científica e industrial? Revoluções não são óbvias quando estão acontecendo. Quando James Watt lançou a Revolução Industrial com a invenção dos motores a vapor em 1775, ninguém disse: “Este é o dia em que tudo muda”. Quando Karl Benz dirigiu ao redor de Mannheim em 1885, ninguém disse: “Haverá 500 milhões destes rodando por aí em um século”. E, certamente, em 1958, quando Noyce e Kilby inventaram o circuito integrado, a noção de um quintilhão (10 a 18ª potência) de transistores sendo produzidos anualmente parecia absurda.

Todavia, é possível olharmos para esta década como o início de nossa própria revolução. Podemos nos lembrar dela como o momento em que as descobertas científicas e as inovações tecnológicas foram integradas ao tecido social mais rápido do que nunca, ou quando a velocidade de como as empresas operam mudou para sempre. Podemos chamá-la de a época em que a economia norte-americana foi reinventada e o produto interno bruto começou a decolar, e os Estados Unidos e o mundo atingiram um nível de riqueza nunca antes visto. Pode ser o nascer de uma nova era para uma nova economia construída sobre o empreendedorismo e a inovação. O Startup Weekend está na vanguarda desta revolução: um movimento de base que traz tecnologia, ferramentas e redes às pessoas mais comprometidas com a criação de mudanças positivas no mundo. Em resumo, esta era pode ser aquela sobre a qual nossos filhos vão olhar e se maravilhar, pois, quando estava mais escuro, pudemos ver as estrelas.

Prefácio

O QUE FAZ uma startup de sucesso? Sangue, suor e lágrimas (e diversão) podem ajudar, mas não fazem tudo sozinhos. Empreendedores precisam reunir a equipe certa, com membros que possuam habilidades complementares. Precisam receber feedback frequente dos clientes. Precisam confiar em seus sócios e dar poder às pessoas que trabalham com eles. Precisam aprender no trabalho, e trabalhar consistentemente para compreender o mercado.

Ao longo dos últimos três anos, nós, no Startup Weekend, vimos essas coisas acontecerem repetidas vezes. Admiramo-nos com o quanto as pessoas conseguem realizar ao longo de 54 horas em Startup Weekends ao redor do mundo. Algumas pessoas saem de suas primeiras sessões de um final de semana com um sócio, capital inicial para os próximos meses e centenas de clientes já registrados para seu produto ou serviço. Para a maioria de nossos participantes, porém, o Startup Weekend é apenas o começo. É o início de um empolgante e exigente processo de aprendizagem que continuarão a experimentar nos anos por vir.

Nas próximas páginas, nossa meta é conduzir os leitores pela real experiência do Startup Weekend — como é apresentar sua ideia de negócio para 200 estranhos em 60 segundos; como as equipes lutam quando descobrem que outras pessoas já tiveram ideias semelhantes; como é ver quão bem alguém trabalha e o quanto já sabem em algumas horas conhecendo a pessoa; e o que significa encontrar com alguns dos mais experientes e bem-sucedidos mentores no mundo das startups.

Por mais que queiramos que todos com um desejo de explorar o empreendedorismo compareçam a um Startup Weekend, reconhecemos que nem todos o farão. Portanto, este livro buscará levar as lições do Startup Weekend e destilá-las para um público maior.

Nos capítulos que se seguem, você aprenderá informações valiosas sobre apresentar suas ideias de negócios a outros, encontrar a equipe certa para fazer de sua empresa um sucesso, bem como o valor do aprendizado experiencial, medir a "temperatura" de seus clientes e do mercado (mesmo antes que seu produto esteja pronto para ser lançado), utilizar diferentes modelos de startup para gerenciamento de projetos e fazer o melhor uso do seu tempo de startup — esteja você pronto para ser um empreendedor de fim de semana, ou para o resto de sua vida.

Agradecimentos

ESCREVER UM LIVRO é um grande desafio, e nós não teríamos conseguido sem o suporte da comunidade do Startup Weekend. Desde os registros orais e escritos que recebemos como feedback dos egressos e participantes em cada estágio de nossa jornada, este é o resultado de centenas — se não milhares — de contribuições individuais. Embora haja muitas pessoas a agradecer individualmente, em um sentido muito real, cada participante do Startup Weekend deixou sua marca em nossa organização; portanto, ainda que anônimos, eles foram peças essenciais da narrativa.

Os empreendedores que compartilharam suas histórias conosco têm seus nomes listados a seguir. Não conseguimos expressar o quanto somos gratos a esses egressos, amigos e apoiadores que compartilharam suas experiências no Startup Weekend. Procuramos incluir todos e nos desculpamos se tivermos esquecido de mencionar alguém.

Gostaríamos de oferecer um sincero agradecimento à equipe tão solícita e engenhosa da John Wiley & Sons, Inc. Um reconhecimento particular ao nosso editor, Dan Ambrosio, e nossa editora de desenvolvimento, Christine Moore. Também gostaríamos de agradecer à Naomi Riley por sua assistência com os manuscritos.

À Weing Marion Kauffman Foundation, não podemos expressar o quanto somos gratos por tudo o que fizeram para apoiar e promover o Startup Weekend e outros milhares de empreendedores pelos Estados Unidos.

Nós gostaríamos de agradecer especialmente a Carl Schramm e Steve Blank por tudo o que fizeram e seguem fazendo para apoiar empreendedores. Estamos honrados em trabalhar com vocês.

Gostaríamos de agradecer a nossos Conselheiros: David Cohen, Bo Fishback, Eric Koester, Dan Martell, Danielle Morrill, John

Sechrest e Nick Segin; e o advogado do Startup Weekend, Ryan Roberts. Sua direção, suas críticas construtivas e seu apoio generoso ajudaram a expandir esta organização de maneiras que nunca pensamos ser possível.

Startup Weekend não seria nada sem nosso fantástico time de organizadores globais. Todos os dias vocês nos lembram o porquê de estarmos aqui e o que um pequeno grupo de pessoas dedicadas e engajadas pode conquistar. Cada um de vocês é uma parte integral de nossa comunidade — vida longa à Máfia do Startup Weekend!

Da mesma maneira, gostaríamos de agradecer à nossa fabulosa rede de Conselheiros Comunitários: Adam Philipp, Bob Crimmins, Bruce D'Ambrosio, Buzz Bruggerman, Charlie O'Donnell, Ed Kimm, Greg Gottesman, John Cook, Jonathan Berger, Kal Vepuri, Marcelo Calbucci, Mark Merich, Matt Shobe, Meng Wong, Mike Koss, Nate Wetheimer, Neil Patel, Rebecca Lovell, Roy Leban, Shaherose Charania, Sherry Reynolds e Tony Bacigalupo.

A todos os mentores que compartilharam seus conselhos e melhores práticas conosco ao longo dos anos, muitíssimo obrigado. A lista seguinte não é de forma alguma completa: Andy Sack, Bill Warner, Brad Feld, Dave McClure, Denis Browne, Eric Ries, Jessica Livingston, John Lewis, Jonathan Ortmans, Katleen Kennedy, Mark Suster, Robert Scoble e Yosi Vardi.

Seríamos descuidados se não reconhecêssemos o enorme impacto que nossos patrocinadores globais tiveram não apenas na organização, mas também nos milhares de egressos do Startup Weekend. Obrigado à Amazon Web Services (Rodica Buzescu), oDesk, O'Reilly, Microsoft BizSpark (em especial, Juliano Tubino, Julien Codiniou, Ludo Ulrich e o restante do time global), Sun Microsystems (em especial, Jeremiah Shackelford), TokBox e Twilio. Outra rodada de agradecimentos também vale para os patrocinadores locais e regionais que ajudaram a levar nossos eventos a cidades ao redor do mundo.

Um enorme obrigado vai para o Time Central do Startup Weekend: Keith Armstrong, Jennifer Cabala, Anca Foster, Ashley Hodgson, Maris McEdward, Joey Pomerenke, Tawnee Rebhuhn, Shane Reister e Adam Stelle por sua fé e seu comprometimento com nossa visão. Vocês são fantásticos! Gostaríamos de um agradecimento especial a Maris McEdward por sua dedicação e seu trabalho duro durante o processo de escrita do livro. É verdade quando dizemos que não poderíamos tê-lo feito sem você.

Finalmente, gostaríamos de agradecer às nossas famílias, aos amigos e às namoradas. Foi uma longa e, por vezes inesperadamente, acidentada estrada; mas isso nunca impediu que nos apoiassem e acreditassem no que estávamos criando. E, certamente, gostaríamos de agradecer a Andrew Hyde, que tornou tudo isso possível.

Contribuidores

Adam DeLong
Alex Farcet
Alexa Andrzejewski
Alexis Ringwald
Amir Harel
Anders Hedberg
André Reuba
Andy Dragt
Angie Chang
Antonios Manessis
Anuranjita Tewary
Arantza Uriante
Arthur Nisnevich
Bastien Serafin
Bedy Yang
Bert-Jan Woertman
Beth Altringer
Brian Labarre
Brian Zeuercher
Cameron Kashani
Charlie O'Donnell
Chris Eben
Christian Blavier
Clara Martin
Clement Cazalot
Colleen Brady
Dan Rockwell
Dan Schamir
Daniel Knoodle
Danielle Siauw
Dash
Dhakshinamoorthy
Dave Angulo
David Smallbone
Don Caruso
Don Ritzen
Donald DeSantis
Eli Hayes
Elizabeth Grigg
Elyssa Ludher
Eric Jorgensen
Eric Lagier

Evan Buxbaum
Evgany Pogorelov
Francesco Mancusi
Frank Denbow
Friederike Welter
Gabe Pelegrin
Hélène Durand Couppel de Saint Front
Humberto Lee
Ian Hunter
Imo Udom
James Briant
James Digby
James Hobbis
Jason Armishaw
Jason Reynolds
Jean-François Vermont
Jeff Martens
Jaffrey Paine
Jeremy Haberman
Jeremy Lightsmith
Jeremy Monat
Jerry Suhrstedt
Jesse Maddox
Jim Benson
Jim England
John Britton
Jon Rossi
Jonathan Berger
Jonny Lee
Kenny Nguyen
Kevin Leneway
Kevin Owocki
Kris Fuehr
Kyle Ellicott
Kyle Kesterson
Lesa Mitchell
Leslie Mack
Liang Shi
Liesbeth Vriens
Lorraine Ball
Ludmilla Figueiredo
Maria Encinar
Marshall Hayes
Matt Talbot
Matthew Titsworth
Matylda Czarnecka
Maya Bisineer
Megan Molino
MeLinda McCall
Melody Biringer
Michael Coates
Michael Irizarry
Michael Leow
Michael Maddox
Michael Marasco
Michael Pastko
Mike van Hoenselaar
Mike Vandenbos
Mikey Tom
Nathan Bashaw
Naz Rin
Nicholas Gavronsky
Nick Burke
Nick Martin
Nick Seguin
Nico Habraken
Norris Krueger
Oksana Yaremchuk
Olivier Desmoulin
Pankaj Jain
Particia Araque
Philippe Gelis
Randy Hook
Rebecca Lovell
Richard Grote
Roland Gröpmair
Roy Leban
Sasha Pasulka

Scott Weiss
Sean Kean
Seth Samuels
Shane Mac
Sherwood Neiss
Stefano Orowitsch
Steven Thrasher
Therese Hansen
Thibaut Labarre
Thubten Comerford
Tim Gasper
Toke Kruse
Tyler Koblasa
Vivian Tian Na
Wendy Overton
Willy Braun
Yaniv Feldman

Introdução
Porque criar uma Startup Tem Tudo A Ver com dar Confiança e Poder

Marc Nager, Clint Nelsen e Franck Nouyrigat

Marc Nager e Clint Nelsen

Imagine que você teve uma grande ideia para um novo negócio. Talvez ele seja o próximo Facebook, o próximo Twitter, ou quem sabe algo mais corriqueiro — um novo serviço de compras com entrega em domicílio ou um tubo de pasta de dentes que não faça sujeira. Você pensa sobre ele quando acorda pela manhã e quando vai dormir à noite. Você faz anotações frequentes, ao longo do dia, enquanto está em seu trabalho. Talvez você conte ao seu marido, à sua esposa ou um colega de quarto uma pequena amostra da ideia, ou leia algo em uma revista que o deixe ainda mais entusiasmado a respeito. Quando chegam os fins de semana, você sonha acordado, quem sabe até rascunha um modelo do negócio ou faz uma pesquisa online para certificar-se de que ninguém mais pensou nessa possibilidade. Honestamente, você está um pouco preocupado que, ao conseguir, finalmente, reunir tempo e dinheiro suficientes para investir em sua ideia, alguém já a tenha tornado realidade.

Agora, imagine você entrando em uma sala repleta de desconhecidos e tendo que apresentar sua ideia para essa plateia em 60 segundos. As pessoas que gostarem poderão decidir trabalhar nela com você, e as que não gostarem, bem, elas apenas seguirão seus caminhos. Você o faria?

A maioria das pessoas pensaria duas vezes antes de correr esse risco. Afinal, você vem trabalhando nessa ideia por tanto tempo — e é uma ideia tão boa! O que aconteceria se as pessoas que foram embora decidissem roubar a ideia e utilizá-la para começar seus próprios negócios? E se as pessoas que gostariam de trabalhar com você, na realidade, quisessem levar a ideia em outra direção, e ela acabasse não se parecendo em nada com aquilo que você havia imaginado?

Em Startup Weekend, nós temos um conselho para você: Liberte-se.

Todo final de semana, em eventos pelo país (e pelo mundo), futuros empreendedores se reúnem para compartilhar suas ideias — seus *bebês* — com pessoas que nunca viram antes, na esperança de tornar seus esboços uma realidade. Confiar completamente nos outros — em busca de seus comentários, de seus conselhos e de ajuda — é a única maneira de conseguir.

Costumava acontecer (antes de nós assumirmos) de as pessoas participantes dos Startup Weekends terem de assinar contratos de confidencialidade, prometendo não revelar as ideias sobre as quais ouviram a ninguém de fora. Tal modelo não nos agradava, nem à maioria de nossos participantes. De fato, algumas pessoas deixavam o evento mais cedo, graças à solicitação do contrato e iam à cafeteria mais próxima, onde faziam seu próprio Startup Weekend. É por esse motivo que, até hoje, nós preferimos operar com um tipo de mentalidade de código-aberto.

Naturalmente, leva algum tempo para que se acostumem a esse tipo de atitude. É comum que os participantes fiquem hesitantes nas primeiras horas de um Startup Weekend, e compartilhem apenas fragmentos de suas ideias. Eles aproximam-se dos demais com cautela, perguntando sobre suas habilidades, mas também omitindo informações, oferecendo apenas uma amostra de seu projeto. A maioria das pessoas ainda fica um pouco nervosa a respeito de sua ideia, se ela é boa o suficiente — afinal, elas mal foram expostas à luz do dia, imagine às mentes críticas de centenas de estranhos.

Você está pronto para compartilhar suas ideias de startup?

- Se sim, que tipo de feedback você mais gostaria de receber?
- Se não, o que o está segurando?

Mas, depois, algo muda. Eles veem uma pessoa o fazendo — explicando toda a ideia, abertamente, honestamente, fielmente — e se perguntam: Realmente, qual é o pior que pode acontecer? Você receber alguns feedbacks negativos? Isso é uma coisa *boa*. Se há uma falha de concepção em seu modelo de negócio, ou se alguém já o tentou antes, então, você descobrirá e pode seguir em frente com sua vida, rumo à próxima ideia.

Logo as pessoas começam a confiar suas ideias umas às outras, e a sala inteira começa a transpirar energia. É como assistir à pipoca estourando. As pessoas começam a esquentar com os planos e pensamentos entusiasmados que vinham guardando. A panela em breve se preenche de ideias quentinhas e fresquinhas. É um dos nossos momentos favoritos.

Como codiretores do Startup Weekend, nós gostamos de dizer: "Não há ideias brilhantes, apenas execuções brilhantes". Ou, então, como um dos participantes de um dos Startup Weekend, Jerry Suhrstedt — CEO da agência de marketing Heavy Guerilla, no noroeste americano —, observou recentemente: "Ideias custam 1 centavo a dúzia".

Se nada disso fizer sentido, pense matematicamente, e considere o seguinte exemplo. Alguém que vinha trabalhando em uma ideia sozinho nos abordou há algum tempo. Ele estava tentando começar um negócio há meses mantendo-o em segredo; naquele momento, ficara sem dinheiro. "Estou encrencado", ele nos confessou. "Não tenho dinheiro suficiente para transformar esta ideia em algo". Nós o falamos que era hora de tirar sua ideia do esconderijo. Afinal, se você não falar com ninguém, a probabilidade de encontrar um cliente ou um investidor é nula.

Um participante do Startup Weekend em Olympia, Washington, entendeu bem esse conceito. Depois de participar de um de nossos encontros, ele nos escreveu dizendo que até sexta-feira à noite um grupo de 40 pessoas havia gerado 10 excelentes ideias para produtos e serviços comercializáveis. Explicou: "De Red

Panda [uma bebida energética vendida em estúdios de yoga] a Drunk Test [um aplicativo para iPhone para testar seu nível de capacidade cognitiva com uma série de perguntas], todas as ideias poderiam ser interessantes de investir, se alguém tivesse a motivação ou o interesse". Naturalmente, como ele logo percebeu: "Gerar ideias é fácil. O próximo [e mais difícil] passo é *fazer* algo a respeito".

De fato, muitos de nossos participantes descobriram que, na verdade, é fácil ficar preso à fase de brainstorm, o que não nos surpreende; gerar ideias é divertido, como é contar a outras pessoas sobre suas ideias e receber seu feedback. Como o mesmo participante observou: "Este processo de generalizar uma ideia, adaptá-la ligeiramente, e depois mudar de foco para uma nova ideia é algo para que o cérebro humano está perfeitamente adaptado". É fácil seguir fazendo isso uma e outra vez mais; porém, não é uma maneira muito boa de criar uma startup funcional. A chave é, bem, *começar.* Basta escolher uma ideia — qualquer uma. Todas são boas. E, então, começar a trabalhar.

Descobrimos que o famoso slogan da Nike — *Just Do It* — pode servir ao lançamento de empresas ainda mais que às conquistas atléticas. Outro participante, Willy, nos contou que a primeira vez que participou de um Startup Weekend, tinha uma ideia, mas escolheu não contar para ninguém. Ele explicou: "Sou um tanto quieto e tímido, então primeiro escolhi não contar. [Senti que havia] muitas pessoas observando, ouvindo e julgando. Era demais. Na verdade, eu mal tive coragem de participar do encontro". Porém, após ouvir algumas apresentações, Willy decidiu que valia o risco. Sua ideia não soava pior que nenhuma das outras: "Então, reuni todas as minhas forças e subi ao palco, o que me fez ficar arrependido por *muitos* longos segundos. Mas lá estava eu. Não vou dizer que foi fácil, porque não foi. Eu gaguejei; esqueci as frases perfeitas que havia preparado; e estou 100% seguro de que muitas pessoas pensaram: 'Meu Deus, que saco! O que ele quer fazer afinal?' Mas, ora bolas, eu obtive excelente feedback sobre minhas ideias".

Como a Confiança nos Levou à Maior Aventura de Nossas Vidas

Não é fácil acreditar que os outros ouvirão abertamente suas ideias e, em seguida, o ajudarão a melhorá-las. Entretanto, foi assim que Startup Weekend começou.

Na primavera de 2009, nós — um grupo de publicitários desempregados de Seattle — embarcamos em uma viagem. Um antigo colega de Marc havia conseguido um emprego no Catar e precisava vender seu carro em Seattle, Washington. Então, Marc se ofereceu para dirigir o carro de Seattle para o novo proprietário em Denver, Colorado. Ele convidou Clint (que não tinha muito o que fazer na época) e, dentro de algumas horas, estávamos na estrada.

Um ano antes, nós havíamos participado de um Startup Weekend em Seattle. Naquela época, o Startup Weekend era uma empresa com fins lucrativos que cobrava cerca de 40 dólares para participar dos eventos, que eventos tinham empresas patrocinadoras; todos os participantes trabalhavam em um projeto juntos e a eles eram oferecidas opções de compra de ações ao fim do encontro. Contudo, esse modelo não funcionava bem. A empresa estava perdendo dinheiro e o Securities and Exchange Comission (SEC)** – não via com bons olhos a questão das opções de ações.

Portanto, começamos a conversar sobre maneiras como o modelo poderia ser melhorado. A algumas horas de Denver, naquela que se mostrou uma viagem que mudaria nossas vidas, Clint contou a Marc que tinha o número de telefone de Andrew Hyde, o então CEO do Startup Weekend em Boulder, Colorado. Resol-

**N.T.: Órgão Americano que regula o mercado de Ações, Títulos e Opções — semelhante a CVM no Brasil.

vemos arriscar e acabamos fazendo uma visita a Andrew, que foi todo ouvidos, muito atencioso. E, ainda, fez algo impressionante; ele disse: "Por que vocês não assumem o Startup Weekend?". Nós ficamos mais que surpresos por seu nível de abertura e disposição com que nos recebeu. Afinal, ele nunca nos havia visto. Contudo, também ficamos empolgados — e estávamos 100% prontos para aceitar sua oferta.

Voamos de volta de Denver e, imediatamente, enviamos uma proposta a Andrew. Estávamos preocupados que, se demorássemos muito, ele pudesse mudar de ideia. Mas ele recebeu a proposta, nos disse que estava ótima, e entregou as chaves do negócio.

O relato de como nos envolvemos enfatiza os princípios de confiança e empoderamento, os quais faziam parte dos fundamentos do Startup Weekend desde o começo. Andrew decidiu confiar em dois jovens que, simplesmente, bateram à sua porta um dia. Ele não nos conhecia. Todavia, a atitude por trás de seu jeito era: "Se esses caras fizerem um bom trabalho, ótimo! Se não, eu posso muito bem tomar de volta deles".

Logo, tornou-se uma questão de em quem nós poderíamos confiar. Como dois caras que estavam tentando construir algo, nós percebemos que Startup Weekend só poderia ser bem-sucedido se o fizéssemos em larga escala. Não nos pagamos por seis meses. Dividíamos um apartamento e estávamos completamente falidos. Sabíamos que a chave para conseguir apoio para a empreitada era a expansão — mas como? Não poderíamos fazê-lo gerenciando nós mesmos cada evento. Isso não só era difícil logisticamente, como nós não conhecíamos cada cidade bem o suficiente para fazer com que as pessoas certas aparecessem.

Nós deveríamos mesmo ser responsáveis pelo orçamento e pela logística de todo o evento, tudo de A a Z? Sim, nós poderíamos ganhar mais dinheiro pessoalmente; porém, seria uma quantidade significativa de trabalho a mais e os eventos não ficariam tão bons.

No primeiro Startup Weekend que realizamos em São Francisco, Califórnia, Franck apareceu. Ele ouviu sobre nossa iniciativa de um amigo que chegara de Paris naquele mesmo dia. Estava completamente exausto, mas adorou a atmosfera. Ele já havia se envolvido com startups e tinha formação em engenharia. Assim, ao fim da noite de sexta-feira, ele nos convenceu de que deveríamos realizar um evento na França. Quem teria imaginado?

Franck Nouyrigat

Em 2008, fiz uma volta ao mundo de um ano em busca do melhor lugar para lançar minha nova empreitada (acabei escolhendo os Estados Unidos). Depois de minha viagem, passei seis meses juntando dinheiro para estar apto a lançá-la. Quando conheci Marc em São Francisco, em 2009, eu estava trabalhando em um aplicativo para iPhone, o qual chegou a arrecadar alguns investimentos em capital tipo micro-venture. Conheci Clint mais tarde, na França, e nos tornamos muito bons amigos. Depois de um mês de trabalho por diversão com Marc e Clint nas estratégias do Startup Weekend, fui parar em Seattle, Washington. E foi aí que tomei uma decisão que mudou minha vida. Marc, Clint e eu éramos o time perfeito e estávamos trabalhando 24 horas por dia no Startup Weekend, que entretanto ainda era muito frágil. Tomei a decisão de saltar do abismo com eles — em vez de perseguir minhas próprias ideias sozinho, decidi doar o dinheiro que vinha guardando para investir no Startup Weekend. Isto trouxe algumas dúvidas a meus familiares e amigos, mas eu estava completamente confiante. Eu não tinha dúvidas de que o Startup Weekend seria enorme. Não é possível ser um empreendedor sem assumir riscos, especialmente quando o futuro é incerto. Se por um lado reconheço o quanto tive sorte de conhecer Marc e Clint como amigos, também acredito que eles são as únicas pessoas no mundo com quem eu gostaria de trabalhar.

Ao longo dos primeiros meses, nós três voávamos para todo lugar a fim de organizar os eventos. Passei um ano dormindo em um lado de um sofá e trabalhando no outro, enquanto Marc e Clint trabalhavam intensamente do outro lado da sala. Contudo, o modelo de fazer por conta própria não era sustentável em longo prazo. Por uma razão, nós não conhecíamos o suficiente sobre os potenciais empreendedores de cada comunidade para realizar eventos bem-sucedidos em todo lugar. Uma das características importantes do Startup Weekend é que é possível adaptar-se à cultura ao seu redor. Se uma cidade é mais tradicional, oferecem-se crachás formais ou comida ligeiramente diferente. É preciso conhecer a cultura de um lugar para identificar quem deveria estar lá e como deixar os participantes mais à vontade.

Marc, Clint e eu sabíamos que deveríamos confiar em outras pessoas que fossem familiarizadas com locais específicos para guiar a operação enquanto expandíamos para novos locais. Contamos com voluntários para nos ajudar, muitos dos quais haviam participado de um Startup Weekend e queriam levá-lo para suas cidades natal. Toda a empreitada cresceu organicamente a ponto de agora recebermos diversos e-mails por semana de pessoas pedindo para organizar um Startup Weekend elas mesmas.

O primeiro desses indivíduos foi Shane Reiser, que queria organizar um Startup Weekend em Des Moines, Iowa. Aquele foi um experimento interessante. Em cidades como São Francisco e Seattle, você sabe que contará com um grupo local de empreendedores jovens e dinâmicos, pessoas que estão acostumadas à ideia de startups. Mas como explicar esse trabalho em uma cidade de médio porte no Centro dos Estados Unidos? *Funcionaria*? Tínhamos nossas dúvidas.

Shane estava por dentro. Ela havia se mudado para Des Moines em 2009, e estava frequentando alguns Tweetups (encontros de pessoas do Twitter). Ele costumava ver um grupo crescente de empreendedores nos cantos desses eventos falando sobre suas ideias. Porém, Shane estava frustrado. Por que eles não estavam *fazendo* nada — como tomar a iniciativa de estrear suas empresas? Tinham diversas ideias legais, mas estavam receosos. Eles não sabiam como começar e não conheciam as pessoas certas. Quando Shane leu sobre Startup Weekend, sentiu que seria ótima motivação para os empreendedores isolados.

Startup Weekend já realizou eventos em mais de 200 cidades em mais de 60 países — nenhum dos quais teria sido possível sem que os líderes da organização houvessem confiado em pessoas locais para conduzir bem tais eventos. Nós permitimos que praticamente qualquer pessoa seja um organizador local. Sim, nós temos um processo de seleção; mas tudo o que realmente queremos saber é se os candidatos realmente se importam com a comunidade, e que não há nenhuma outra razão por trás do desejo de organizar um evento.

Geralmente, um bom indicador é se alguém o está procurando. É quase como quando se está saindo com alguém que diz: "Eu gosto de você". Não quer dizer que vocês serão o par perfeito ao final, mas você, ao menos, deve considerar que essa pessoa possa ter algo a oferecer. As pessoas que dizem querer organizar um Startup Weekend já ouviram falar de nós, e nos dizem que querem aderir à nossa filosofia. Assim, esse é um ponto automático a seu favor.

Shane surpreendeu-se um pouco com nossa postura. Como ele diz: "Marc, Clint e Franck não me fizeram filmar a mim mesmo. Eles não me obrigaram a fazer um teste nem nada. Eles apenas me perguntaram o que eu precisava saber e me enviaram a Nova York".

Jon Rossi, que agora chefia o Startup Weekend em Denver, também se impressionou com a confiança que depositamos nele. Ele se orgulha do fato de ter tido a oportunidade de representar nossa organização em um evento em Denver sem sequer haver conhecido um único membro de nossa equipe pessoalmente. O sentimento de empoderamento foi especialmente importante para ele. "Com toda a desconfiança do mundo de hoje, eu fiquei chocado por não ter tido que saltar nenhum obstáculo, preencher longos formulários, dar uma amostra de meu DNA, passar por uma análise de crédito ou um detector de mentiras. Jon também abraçou nossa atitude em suas negociações com as atividades do Startup Weekend — assim como em suas demais atividades profissionais. "Desde que participei de meu primeiro Startup Weekend em 2010, assumi a filosofia de 'confiar primeiro, duvidar depois e apenas se houver motivo' e procurei implementar isso entre as pessoas com quem trabalho diariamente".

Não cometa erros — nós certamente tivemos organizadores que estragaram as coisas, e sobre os quais recebemos feedbacks negativos. Mas negócios, especialmente no começo, envolvem riscos. Se não dermos uma chance às pessoas, a probabilidade é que jamais decolaremos em muitas das cidades onde operamos atualmente.

Startup Weekend tem um wiki interno com documentos cheios de conselhos para ajudar a guiar novos organizadores pelo processo. Nós lhes damos isso e dizemos: "Divirta-se". Queremos dar poder a eles para serem seus próprios evangelistas na comunidade para o Startup Weekend, e não queremos colocar empecilhos para que façam o que for melhor para suas comunidades. Se decidirmos ir adiante com um novo voluntário, nós forneceremos a ele todos os nossos materiais, um endereço de e-mail no Startup Weekend, e solicitaremos a nossos designers que criem um logo para auxiliá-lo na divulgação de seus eventos.

Como Nós Damos Poder às Pessoas Para Obter o Máximo de um Startup Weekend

Há um obstáculo muito pequeno para entrar em um Startup Weekend como participante. O custo para um final de semana de evento é de menos de U$100 e isso inclui comida e todo o café que você conseguir beber. Claro, podem aparecer algumas pessoas que vêm pelos bolinhos; mas elas logo percebem que há maneiras mais fáceis de conseguir um café da manhã de graça. Sabemos que há pessoas de todas as áreas que podem querer participar e gente de todo tipo que tem ideias. Não queremos desestimular ninguém a vir. Temos de confiar cegamente. E, ainda, devemos encorajar os demais a confiar cegamente. Uma mulher chamada Carmen enviou um e-mail a Shane sobre um dos primeiros eventos que ele estava organizando. Embora ela pensasse que o evento soava legal, estava preocupada se suas habilidades não teriam valor para os outros participantes. Carmen havia sido redatora para programas infantis na TV e não via como isso podia se encaixar em uma empresa startup. Sabia que era boa escritora e pensadora criativa, mas nunca antes havia pensado em si mesma como empreendedora.

Você se considera empreendedor?

Embora o noticiário esteja repleto de relatos de gênios dos negócios e gurus da tecnologia que construíram empresas multimilionárias aparentemente da noite para o dia, ser um empreendedor é uma jornada. Você enxerga um problema e tem uma ideia para uma solução inovadora? Seja no universo das artes, da educação, da engenharia, da saúde, ou além, seu desejo de transformar faz de você um empreendedor.

Shane havia percebido que Carmem não estava muito confiante, então escreveu de volta encorajando-a a vir de qualquer jeito: "Claramente, você está interessada em empreendedorismo e me procurou por um motivo. Garanto que suas habilidades serão valorizadas".

Shane praticamente não viu Carmem ao longo do final de semana. Ela até apresentou uma ideia na sexta-feira à noite, mas não despertou interesse suficiente para sair do papel. Contudo, ao longo do dia de domingo, Shane viu Carmen no palco fazendo uma apresentação por sua equipe e disse ter ficado bastante surpreso: Uma das coisas que ela havia dito em seu e-mail era que falava mal em público e se envergonhava de subir ao palco diante de uma plateia. Mas, segundo Shane: "Ela arrebentou. Subiu ao palco, e era possível perceber o quanto estava empolgada em estar naquela equipe com aquelas pessoas, [com quem] havia desenvolvido [algumas ótimas] relações".

Após o evento, Carmen dirigiu-se a Shane e o abraçou com lágrimas nos olhos, dizendo que o Startup Weekend havia sido uma "experiência transformadora", e mencionou: "Não sei se esta equipe vai continuar, mas, de qualquer maneira, estou definitivamente interessada em empreendedorismo agora. Você abriu meus olhos para este mundo de tecnologia e empreendedorismo, e eu conheci algumas pessoas maravilhosas".

Carmen não teve essa experiência transformadora porque alguém a deu uma lição sobre os princípios do empreendedorismo ou a ensinou sobre como abrir uma empresa. Ainda que haja algumas apresentações formais no Startup Weekend, feitas por empreendedores e gestores de negócios que sabem algo de empreendedorismo, participar das palestras está longe de ser obrigatório. Sabemos que, se as pessoas acreditam que seu tempo é mais bem aplicado trabalhando em seus projetos do que ouvindo um especialista, então, elas devem trabalhar em seus projetos. Reconhecemos que as pessoas sacrificaram seu tempo livre para estar nos eventos. Elas não são crianças em uma escola; são adultos com trabalho em tempo integral e contas a pagar. E o aprendizado em um Startup Weekend acontece graças ao trabalho que fazem – não porque estão sentados passivamente ouvindo outros falarem.

Por Que Você Deve Ter Confiança Para Ser um Empreendedor de Sucesso

As pessoas vêm ao Startup Weekend por diferentes motivos. Algumas já têm uma ideia de negócio em mente e veem Startup Weekend como um meio para fazer essa ideia funcionar. Contudo, isso pode, por vezes, ser difícil. O que acontece se você montar uma equipe e as pessoas gostarem de sua ideia, ou parte dela, mas a visualizarem operando de uma maneira diferente? Parte de ser um participante ativo e de valor no Startup Weekend é certificar-se de que você confia em seus parceiros e lhes dá poder para tomar decisões sobre suas ideias.

Os únicos times que serão realmente bem-sucedidos são aqueles que discutem uma ideia em seus estágios iniciais. A ideia deve ser suficientemente embrionária, e possuir um fundador que ainda não tenha decidido precisamente como ela deve ser executada. Quanto mais cedo as pessoas estiverem dispostas a receber sugestões, mais provável que tenham um empreendimento bem-sucedido.

Para muitas pessoas, no entanto, o valor do Startup Weekend está muito mais nos relacionamentos que constroem nos eventos do que nas ideias propriamente ditas. As pessoas buscam alavancar esses relacionamentos após o Startup Weekend de maneira a formar novas empresas e ganhar novos contatos no mundo dos negócios.

Os pesquisadores Friederike Welter e David Smallbone escreveram em um artigo na *Entrepreneur* que, enquanto o papel da confiança no comportamento empreendedor ainda não for plenamente compreendido, um efeito benéfico pode ser que “nem todas as relações comerciais precisam ser reguladas por contratos, de forma a permitir que o empreendedor reduza custos de transação”. A confiança, em outras palavras, pode simplificar problemas e fazer negócios funcionarem mais harmonicamente. Estamos certos de que esse é o caso.

Todavia, não é possível estabelecer confiança em outros no vácuo; e os pesquisadores descobriram que a confiança não é apenas bilateral. Também depende das normas e das regras do ambiente que cerca as pessoas que estão formando uma relação. E isso é ainda *mais* importante para empreendedores do que para negócios já estabelecidos. Como Welter e Smallbone explicam: “Empreendedores são mais propensos a se verem em uma situação em que devem construir as fundações de sua identidade como pessoas confiáveis”. Em outras palavras, confiança é tão importante em um Startup Weekend porque esta é uma comunidade. E até mesmo pessoas que estão em sua primeira hora de seu primeiro fim de semana de participação tornam-se integradas àquela *comunidade*.

{ Você já experimentou o poder da confiança precoce e inerente? Quando você sabia que alguém confiava em você, sentiu-se empoderado de forma a executar tarefas competentemente? Você já deu poder a alguém entregando sua total confiança? Quais foram os resultados? }

Em alguns lugares, é claro, esta cultura de confiança vem mais lentamente. Como nos disse um facilitador do Startup Weekend: "Em Cingapura, compartilhar seus pensamentos mais íntimos sempre foi um problema, especialmente com uma sala repleta de estranhos". Ainda assim, no entanto, ele diz que o clima que o Startup Weekend cria pode encorajar até os tipos mais reticentes a se expressarem. "Uma vez que os participantes começam a compartilhar ... ideias e pensamentos em um palco confiável, as melhores ideias florescerão com apoiadores entusiasmados e mais projetos serão levados adiante até o ponto de lançamento".

Uma das grandes vantagens do Startup Weekend é que ele é local. Portanto, há uma grande chance de que os participantes tenham visto, trabalhado, ou conheçam alguém que conhece as outras pessoas presentes. Isso reduz um pouco os obstáculos. É fácil imaginar como outra organização pode decidir que todos deveriam voar para São Francisco a fim de passar o final de semana, pensando que simplesmente estar próximo ao Vale do Silício deixaria todos entusiasmados. Contudo, em nossa perspectiva, isso prejudicaria o propósito. Nós queremos que o Startup Weekend crie raízes em cada comunidade, para ajudar as pessoas locais a construir localmente, e, quem sabe, até resolver problemas da comunidade.

Alguns podem acreditar que, atualmente, nessa era de redes sociais e informação digital, as pessoas não precisam mais sentar próximas àquelas com quem estão trabalhando. Afinal, não podemos todos trabalhar em casa e nos comunicarmos online? Não é mais fácil — e mais confortável — ficar de pijamas? Bom, pode-se ver por esse lado; porém, muitos empreendedores descobrem que isso não funciona tão bem quanto gostariam. É por isso que pessoas de diferentes startups começam a utilizar espaços compartilhados, indo a lugares como cafeterias. Ao que parece, o contato pessoal é crucial não apenas no desenvolvimento de grandes ideias, mas também para construir confiança.

Mesmo encorajando as pessoas a confiar naqueles que encontram nos Startup Weekends desde o começo, sabemos que a confiança não permanece cega por muito tempo. Danielle Morrill, uma participante veterana dos Startup Weekends e de empresas startup, diz que adora ser capaz de ir ao encontro de outros egressos do Startup Weekend em diferentes lugares do país e ao redor do mundo. Ela envia um e-mail: "Estou indo a Chicago e adoraria conhecer alguns desenvolvedores e empreendedores de sua comunidade. Você pode me colocar em contato com alguém?".

O que faz a rede de contatos do Startup Weekend tão poderosa? Danielle explica: "Você não permanece na rede a menos que, efetivamente, *faça as coisas acontecerem*. É fantástico ter esse tipo de acesso a pessoas inteligentes que estão, na realidade, alcançando algo". De fato, ela diz: "Eu imagino [que], se minha empresa se tornar grande um dia, [Startup Weekend] seria o meio mais eficiente de contratar pessoas". A marca Startup Weekend tornou-se sinônimo de pessoas que estão dispostas a botar a "mão na massa". Quando as pessoas abordam outras que tenham encontrado em nossos eventos, eles acreditam que o trabalho será realizado.

Esse espírito de confiança e comunidade também permeia muitas das inovações que surgem nos eventos. Por exemplo, em um Startup Weekend no Brasil, alguém sugeriu um aplicativo para aparelhos móveis, o qual listasse os horários de ônibus de São Paulo. Nós, também, ficamos um pouco surpresos ao descobrir que não há uma lista gravada nas paradas de ônibus. As pessoas ficam a 20 metros do ônibus para enxergar seu número, depois correm até a parada para embarcar quando ele chega. Isso é, obviamente, uma deficiência do governo local e de infraestrutura, mas algo que pode ser resolvido quando um grupo de participantes dispostos e capazes se aproxima. Em adição a postar os horários de maneira que fosse acessível pelo celular, os participantes também trabalharam para desenvolver uma rede de pessoas que gostaria de certificar-se de que os ônibus estejam numerados e de que os horários estejam corretos.

Esses participantes do Startup Weekend estão construindo sobre os relacionamentos baseados em confiança que desenvolveram, bem como tentando trazer este nível de confiança — uma relação realmente funcional — para suas comunidades maiores. Depois do recente terremoto devastante seguido de um Tsunami no Japão, as pessoas no Startup Weekend em Cambridge, Inglaterra, montaram um site de ajuda humanitária às vítimas para auxiliar a encontrar seus pertences perdidos. Enquanto os esforços de assistência local salvaram vidas e se concentraram nas necessidades imediatas, o time de Cambridge desenvolveu uma ferramenta para o estágio seguinte, quando as vítimas querem encontrar os pertences que tenham valor sentimental. BelonginsFinder.org (em Japonês: monosagashi.org) vai ajudar a recuperar a identidade, permitindo às pessoas fotografarem, fazerem upload e procurarem detalhes dos pertences perdidos. Este aplicativo grátis pode ser utilizado por organizações assistenciais, indivíduos, governos e comunidades locais.

Um dos fundadores, um estudante da Universidade de Cambridge, chamado Stefano Orowitsch, nos escreveu dizendo: "De maneira alguma eu poderia ter ignorado as notícias de sexta-feira durante o Startup Weekend deste ano. Eu decidi imediatamente reunir-me com alguns dos melhores mentores e engenheiros de software do mundo no Startup Weekend de Cambridge". De fato, ao final do evento, a equipe de Orowitsch havia desenvolvido o BelongingsFinder.org. Ele queria "criar esperança para as vítimas que perderam seus pertences". Os usuários do site podem fazer o upload de fotos de qualquer objeto que tenham encontrado para um banco de dados, utilizando um aplicativo para dispositivo móvel, enquanto outras pessoas podem pesquisar os objetos desaparecidos no site. Adicionalmente, todo o serviço está sendo provido sem custos.

Lemos recentemente sobre algo chamado Legatum Prosperity Index — um estudo global que monitora o clima para os negócios em diversos países. Não nos surpreendeu descobrir que a habilidade de um país para gerar um clima de empreendedorismo tem um efeito significativo no bem-estar geral daquele país. Uma atmosfera de confiança está no centro de ambos.

Pode ser assustador tentar ser um empreendedor. Mas nós precisamos ajudar às pessoas a se reunirem e a moverem-se para além desse sentimento. Tudo do que se precisa são as pessoas certas e os recursos certos para começar a gerar soluções. Nossa filosofia tem tudo a ver com a construção de confiança em uma comunidade, de maneira que possamos criar os mais novos, brilhantes e inovadores negócios imagináveis.

Os codiretores do Startup Weekend em Seatlle (da esquerda pra direita): Nouryigat, Nelsen e Nager.

1

Sem Conversa, Ação Total

Networking Orientado para Ação

DIGAMOS QUE VOCÊ se mudou recentemente para uma nova cidade e quer começar a conhecer pessoas. Aonde você vai primeiramente? Você entra em um bar, senta-se e torce para que a pessoa certa apareça ao seu lado e puxe conversa? Provavelmente não. Afinal, pode-se ficar lá por anos. E, digamos a verdade você pode já estar bêbado no momento em que seu grande amor aparecer. Muitas pessoas poderão entrar enquanto espera, mas você não saberá nada a respeito delas e elas a seu respeito. Então, exceto pelas especulações que poderá fazer acerca das roupas que usam e daquilo que estão bebendo, você começaria do zero. Mesmo após uma curta conversa, provavelmente, ainda não saberá muito mais. Esses tipos de interações são, quase que por definição, superficiais.

Por anos, colunistas da área nos dizem que, se quisermos conhecer pessoas, devemos *fazer algo* a respeito. Se nos inscrevermos em um clube de corridas, iremos conhecer pessoas com quem devemos, pelo menos, ter o gosto pela corrida em comum. Se ingressarmos em organizações de trabalho voluntário, como a Habitat para a Humanidade, encontraremos pessoas que estão interessadas em serviços de interesse público e, quem sabe, gostem de trabalhar com as mãos. Se nos inscrevermos em um clube de leitura... Bem, você entendeu.

O conselho que vem sendo dado aos solteirões é ainda mais verdadeiro para jovens empreendedores. Não é possível simplesmente esperar que as pessoas certas entrem em suas vidas ou até mesmo em seu escritório. Você precisa sair e fazer algo para encontrá-las. E precisa fazer algo *com* elas para descobrir se encontrou o par perfeito.

Então, quais são as opções? Muitas pessoas tentam escolas de negócios. De fato, números recorde de indivíduos estão se inscrevendo em cursos de MBA nos dias de hoje. E não é de se admirar; as escolas de negócios possibilitam o seu trabalho com outros estudantes em projetos e ajuda a observar onde estão seus talentos, o que os interessa, como trabalham sob pressão, e assim por diante. Você pode ficar acordado até tarde da noite se preparando para as aulas. As pessoas se revelam. E, quando você se formar, terá construído uma rede de contatos com a qual poderá contar mais tarde em sua carreira.

Contudo, uma escola de negócios é um grande investimento. Além disso, conseguir um MBA leva tempo — e tempo é uma coisa que empreendedores não têm. Se você tem uma ideia para um negócio agora — ou se o que o motiva pela manhã é colocar uma ideia de startup em movimento —, então, ter de esperar para terminar o ciclo da escola de negócios não serve. Devido à necessidade de fazer o GMAT* e submeter-se ao processo de seleção, a chance é que leve mais de um ano antes mesmo de você conseguir ingressar.

Por último, quando se trata de conhecer as pessoas certas com as habilidades certas para o que você está tentando fazer agora, uma escola de negócios pode não servir. Talvez você tenha tido pessoas boas e inteligentes em sua turma de formandos de dez anos atrás, mas eles ainda estão afiados? Eles são os melhores desenvolvedores ou publicitários de hoje? Realmente, quem sabe o que — e quem — eles conhecem?

Também ouvimos falar que networking em um programa de MBA não é tudo aquilo que parece ser. Espera-se que os candidatos compareçam a eventos de networking como parte do MBA. Contudo, a maioria desses eventos, ainda que tecnicamente "profissionais", estão concentrados em campeonatos de golfe, piqueniques ou churrascos. Em quase todos, a ênfase é em conversar em vez de aprender ou fazer algo. Os eventos mais casuais destacam a importância de ouvir a pessoas mais experiente

*(N.M.): GMAT — *Graduate Management Admission Test* é um exame classificatório utilizado por muitas universidades norte-americanas e europeias para a admissão em programas de pós-graduação, em especial, de MBA.

falando de suas histórias de vida e melhores práticas (muitas das quais não são sequer relevantes atualmente). Essa pode ser uma abordagem bastante didática e tradicional para o compartilhamento de informações.

Uma participante do Startup Weekend, embora fizesse algumas boas conexões nestes eventos, nos contou: “A maioria eram oportunidades perdidas, no sentido de ser extremamente difícil constatar, de fato, as capacidades e habilidades das pessoas que eu supostamente deveria conhecer. Encontrei alguns bons mentores, mas estava continuamente frustrada pela dificuldade em conhecer colegas candidatos ao MBA”. Ela disse que os eventos de networking eram organizados de forma a lembrar uma recepção de festa — situações em que “você arranha a superfície de novas pessoas ou se atém a quem já conhece”.

Nada disso é para desmoralizar as escolas de negócios. Ainda são lugares onde se pode adquirir habilidades importantes para sua carreira. No entanto, é simplesmente dizer que obter uma pós-graduação pode não ser o caminho mais eficiente para encontrar sócios para abrir uma startup.

Então, que tal fazer network por conta própria — apoiando-se em funções da empresa em que trabalha, ou procurando outras pessoas da mesma área que possam estar interessadas em empreendedorismo?

Isso pode, certamente, ser um avanço na carreira; não há como prever quem se encontrará ao farejar em negócios locais ou em eventos sociais. Contudo, este é exatamente o problema: não há como prever quem você encontrará. Pense no que diria a alguém que acaba de conhecer sobre suas próprias credenciais profissionais. Você recitaria seu currículo? Encontraria a narrativa perfeita para ilustrar suas habilidades? Consegue encontrar o nome de um bom conhecido em comum? Talvez sim, talvez não. Talvez vocês encontrem uma ligação no fato de seu irmão ter frequentado a mesma universidade da irmã dessa pessoa. Porém, mais cedo ou mais tarde, isso se torna muito parecido com procurar uma namorada em uma banqueta de bar. O que se pode descobrir sobre a outra pessoa ou o que ela pode descobrir sobre você?

Agora, pense nos cartões de visitas que recebe em outros eventos de networking. Você pode sequer se lembrar quem era quem depois de chegar em casa?

Causar a impressão certa em outras pessoas em um campeonato de golfe pode ser uma habilidade importante. Mas, não é importante para todos. Para alguém na área de relações públicas é, uma parte vital do trabalho. Qual a diferença que isso faria para um desenvolvedor, um designer ou um engenheiro? Como gosta de dizer um veterano em startups na região de Seattle: "Pessoas de tecnologia não são naturalmente associativistas". E nós não cremos que elas devam ser.

Com o que outras pessoas se importam, ao fim — e, de fato, *deveriam* se importar —, é a qualidade de seu trabalho. Mas você não pode abrir seu laptop (ou até mesmo seu iPad) e, enquanto tenta equilibrar uma taça de vinho branco em uma mão e um canapé sobre o joelho, demonstrar a alguém o seu trabalho.

Para tanto, devem-se aplicar os princípios de networking orientados para ação do Startup Weekend.

Você *Deve* Entrar em uma Equipe

Nós, no Startup Weekend, não somos muito chegados em vinho ou em canapés. No entanto, quando o final de semana terminar, você irá seguramente conhecer os conjuntos de habilidades das pessoas ao seu redor — e elas conhecerão o seu.

Do simples método de inscrição ao jantar informal de sexta-feira à noite, esperamos que os participantes conversem entre si; e como a única coisa que têm em comum (até aquele ponto) é um interesse em empreendedorismo, é fácil aprender sobre os sonhos de seus companheiros, as ideias, as forças e as fraquezas. Quando se sabe que deve juntar forças com um time de estranhos e trabalhar juntos todo o final de semana, a pressão está em conhecer todos no salão e descobrir que tipo de talentos o cercam.

- Pense no último evento de networking profissional de que você participou: Quantas conexões duradouras você fez?
- Agora, pense sobre a última vez que você participou de um evento "extracurricular" em grupo: Quantas conexões duradouras você fez?
- Muito provavelmente, seus interesses em comum levaram a conexões mais fortes e a laços mais duradouros. Se você quer começar a trabalhar em sua ideia de startup, cerque-se de outras pessoas que esperam fazer o mesmo!

A sexta-feira à noite é particularmente intensa porque é quando acontece a criação das equipes. Ainda assim, mesmo os longos dias de trabalho de sábado e domingo oferecem amplas oportunidades de criar, construir, colaborar, explorar e fazer brainstorm — não apenas com os membros de sua equipe, mas também com os demais participantes.

Um participante do Startup Weekend observou sobre um evento em Vancouver, British Columbia, cujas equipes deviam reportar-se ao grande grupo de tempos em tempos. Ela relembra: "Embora fosse difícil parar o trabalho frenético em nossos projetos, eu adorava ouvir sobre o que os outros times estavam construindo e seus pedidos de ajuda. Fortalecia-me muito ver os brilhantes desenvolvedores, designers, publicitários e gerentes de projeto que tínhamos no salão... Isso me dava uma ótima desculpa para abordar alguém novo no jantar de sábado e perguntar mais sobre suas experiências como designer gráfico".

Como o Startup Weekend combina um duplo requisito de trabalho em equipe e *validação conceitual*, as pessoas se sentem motivadas a demonstrar o que são capazes de fazer e a descobrir as capacidades dos demais. Tudo bem alguém se gabar de ser o melhor desenvolvedor do mundo ou um guru do marketing. No entanto, quando você observar como outras cinco pessoas trabalham juntas e vir a qualidade de seu resultado por conta própria, você construirá alicerces para relacionamentos ou redes no futuro que são muito mais fortes que a tênue (e, por vezes, insignificante) troca de cartões de visita em um bar.

Nós também descobrimos que é fácil para jovens empreendedores tornarem-se cínicos. Depois de um tempo, você começa a conhecer diversas pessoas que dizem serem capazes de fazer coisas que, na prática, não se provam reais. Elas assumem que os outros não compartilham de sua energia ou de sua paixão, ou que não têm o conjunto de habilidades adequado. Um participante do Startup Weekend chamado Mike Vandenbos descreve como — ele é um empreendedor desde os quatro anos de idade — quando começou a vender sementes de flores com seu irmão mais velho, recebendo uma comissão de três centavos por pacote. Quando ficou um pouco mais velho e mais ambicioso, tornou-se entregador de jornais e abriu uma pequena oficina mecânica enquanto estava no colégio. Depois disso, começou um negócio de consultoria para eventos de golfe.

Olhando para trás, diz Mike, sua única falha visível era seu desejo de sempre "arriscar por conta própria" — nada de novas parcerias com o irmão mais velho, nem ninguém. Já adulto e procurando lançar novos empreendimentos, Mike percebeu que o risco é muito mais alto. Ele aprendeu por meio do Startup Weekend que pode "andar com outros empreendedores".

Outros participantes do Startup Weekend são bem cientes de que precisam de parceiros, mas, normalmente, não sabem onde encontrá-los. Jesse Maddox aprendeu como o Startup Weekend pode ser uma excelente ferramenta de networking quando voltou de uma viagem ao Vietnã com a ideia de um aplicativo para ajudar turistas a se comunicar com os locais. Ele se lembrou de ter observado as interações de dois grupos e se contorcido: "Normalmente, quando um vendedor de frutas aborda um turista, o turista o vê se aproximar e entra no que eu chamo de 'Modo de negação'. Ele balança a cabeça para o vendedor, dizendo 'não' uma e outras vezes mais, e termina numa explosão de frustração ou, simplesmente, ignorando a outra pessoa". É desnecessário dizer que toda a interação é um desastre para ambos os lados.

Maddox relembra que, após algumas aulas do idioma com um grupo de locais, finalmente conseguia se comunicar efetiva e educadamente, de forma a evitar a vergonhosa experiência descrita acima. "Quando o vendedor de frutas se aproximava, eu sorria e dizia 'No r`ôi' (pronuncia-se 'naw zoi') — já estou satisfeito". Maddox ficava empolgado quando o vendedor abria um largo sorriso e, então, ria e respondia algo que ele não entendia. "Não importava. Com apenas duas sílabas eu evitava uma situação desconfortável, interagia de maneira positiva com a cultura local e tinha uma experiência memorável".

Maddox voltou para casa em Atlanta, Geórgia, alguns meses depois com um plano de negócios nas mãos para ajudar estrangeiros a aprender frases-chave do idioma local rapidamente. O programa incluiria frases desenvolvidas para diferentes tipos de viajantes — executivos, turistas, e assim por diante. Alguém poderia até mesmo oferecer instruções sobre como flertar em um idioma estrangeiro. Maddox enviou a ideia para diversos amigos e conhecidos com a esperança de levantar investimento. Mas ouviu a mesma resposta diversas vezes: Ótima ideia, mas não podemos oferecer nenhum investimento até vermos que você montou uma equipe de trabalho.

"Para mim, isso parecia o clássico problema do ovo e da galinha. Eu não conseguia montar uma equipe sem investimento, e não conseguia investimento sem uma equipe", diz Maddox. Sua experiência ilustra o que pensamos sobre um dos maiores mitos do empreendedorismo — o de que levantar capital é o maior obstáculo a um empreendimento de sucesso. Contudo, como descobriu Maddox, o capital estava disponível, porém os investidores se importavam com as pessoas. Eles queriam saber quem estaria na equipe. Afinal, como eles saberiam se aquele grupo de pessoas era suficientemente capaz e trabalharia bem junto se Maddox nem sequer sabia quem trabalharia com ele?

Finalmente, um empreendedor e investidor-anjo sugeriu que ele participasse de um Startup Weekend para encontrar uma equipe de pessoas.

Maddox conseguiu se inscrever no Startup Weekend de Atlanta no último minuto, somente porque um dos outros inscritos desistiu — algo que ele chama agora de uma jogada de sorte. Ele apresentou sua ideia do "Triplingo" (como ele chamava o negócio) na sexta-feira à noite e foi um sucesso. De fato, foi escolhida como uma das 12 melhores ideias apresentadas naquela noite. Maddox conseguiu facilmente nove pessoas para trabalhar em seu time — incluindo um designer, programadores capazes de desenvolver aplicativos tanto para web quanto para dispositivos móveis, e talentos do marketing. Como Maddox alegremente relembra: "A composição de nossa equipe nos permitiu dividir o trabalho em diferentes módulos. O que significa que não houve em nenhum momento pessoas sentadas sem nada para fazer".

Maddox reconhece que seu plano era bastante ambicioso. Ao fim do encontro, ele queria um protótipo funcional dos aplicativos para web e iPhone. Para conseguir isso em um final de semana, a equipe que ele havia reunido não somente teria de ser extremamente talentosa; eles deveriam estar também altamente motivados. O grupo enfrentou alguns problemas difíceis; por exemplo, um *bug*** no programa que estavam utilizando os segurou por diversas horas, e eles ficaram preparando a apresentação até o último momento possível. Mas, ao fim, valeu a pena. Triplingo

**(N.T.): Bug – Erro de código em um programa de computador.

foi votado o vencedor do Startup Weekend de Atlanta e obteve investimento inicial para dar a partida em dois dias. Tanto a CNN quanto o *Atlanta Journal Constitution* obtiveram participações da empresa na sequência.

Maddox reflete que: "Sem o Startup Weekend, isso talvez nunca tivesse acontecido. Nossa equipe jamais teria se formado; eu poderia estar ainda perambulando pelas ruas de Atlanta em busca de sócios, e nós jamais teríamos tido a chance de mudar a maneira como o mundo viaja". A história do Triplingo demonstra como é importante criar seu próprio time — sair à rua e encontrar as pessoas certas, e não esperar que elas o encontrem. Do contrário, você ficará sozinho na banqueta de bar a noite toda.

O tremendo senso motivacional da equipe do Triplingo não é único. As pessoas vêm ao Startup Weekend prontas para trabalhar. Elas separaram este tempo — distante de seus trabalhos, de suas famílias e de todas as coisas que, normalmente, tomam nossa atenção. Saber que o prazo final de domingo à noite se aproxima rápido transforma as pessoas em verdadeiros burros de carga.

Tyler Koblasa, o fundador do *Ming.ly*, um aplicativo que ajuda as pessoas a gerenciar sua rede de contatos profissionais, diz que encontrou a equipe perfeita em um Startup Weekend: dois engenheiros do Google, um ex-vice-presidente do *Hulu*, um pós-graduado com MBA de Georgetown e um advogado que também fazia algum trabalho de design. Todavia, não foi apenas o talento reunido no encontro que gerou uma mistura tão perfeita para Koblasa. Ele poderia tê-los encontrado em outros lugares, "mas eles não estariam em uma sala prontos para trabalhar". Tyler diz que sua equipe tinha uma "supercarregada atitude de 'queremos vencer'".

Diminuindo as Barreiras

O networking orientado para ação faz ainda mais do que aproximar empreendedores de membros de equipe rápida e eficientemente. Também diminui muitas barreiras artificiais que ficam entre empreendedores. Conhecer parceiros de negócios pelos caminhos tradicionais pode significar escolher pessoas que se parecem conosco, frequentaram as mesmas escolas ou vêm da mesma parte do país ou do mundo. Contudo, todos sabemos que estas são razões arbitrárias para se contratar ou trabalhar com alguém.

Em uma configuração como a apresentada no Startup Weekend, os empreendedores usam as pessoas que estão lá. Eles não podem sentar-se e esperar por alguém com quem se sintam confortáveis em uma situação social. Eles precisam encontrar alguém com quem possam *trabalhar*, e quanto antes, melhor.

No Startup Weekend, eles têm a chance de ver *como* as pessoas realmente trabalham, independente de seu histórico. Para pessoas que podem ficar nervosas sobre trabalhar com alguém com diferentes experiências pessoais ou profissionais, o networking orientado para ação pode oferecer uma maneira de experimentar com pouco risco. Como nos explicou um veterano de Startup Weekend, construir uma relação com um sócio é como um casamento. Você deverá passar longas horas com a outra pessoa, provavelmente em lugares pequenos e fechados. As esperanças, os sonhos e as finanças de cada um serão amarrados aos do outro. Uma vez que façam a empresa decolar, será difícil romper o relacionamento se ele não funcionar.

O Startup Weekend é basicamente uma chance de experimentar esse casamento antes de atar o nó. Estas 54 horas de trabalho dão uma chance de ver se as coisas vão funcionar. E, se elas não funcionarem, nada está perdido. Ao fim do evento, você pode simplesmente ir embora; afinal, você ainda não comprou o vestido de casamento ou contratou o bufê. Como um organizador nos disse: "Na tarde de sábado, se você perceber que a outra pessoa o está enlouquecendo, você sabe que tudo vai acabar no domingo à noite — e você poderá simplesmente ir embora".

Outro participante do Startup Weekend comparou sua experiência a um acampamento do qual participou no colégio, destinado a integrar os estudantes; porque, vamos encarar — em grandes grupos de estranhos, todos tendemos a nos comportar como se estivéssemos no colégio. Ele diz: "Ao longo dos anos, os professores haviam desenvolvido uma ótima solução para diminuir as barreiras sociais: a primeira semana era de treinamento e preparação, e a segunda era um acampamento (o qual também atendia o requisito da Educação Física!). Chegávamos sem conhecer uns aos outros, mas depois de uma semana fazendo caminhadas, comendo, dormindo (e fazendo tudo o mais) em meio à mata, tornava-se praticamente impossível manter qualquer tipo de distância". Olhando para trás, diz ele: "Quarenta pessoas não necessariamente se tornarão amigos, mas todos se aproximavam após aquela semana. Da mesma forma, o Startup Weekend solta um punhado de estranhos juntos em um ambiente selvagem e os força a trabalhar juntos; as normas sociais que se danem".

Outra participante chamada Sasha Pasulka compara o Startup Weekend a uma colônia de férias. "Não é como velejar, fazer amarras ou dar uns 'amassos' antes de um guia nos flagrar com uma lanterna na mão; mas todos na sala aquela noite se aproximaram intensamente em um curto período de tempo". Ela lembra: "No sábado pela manhã, eu já não estava em uma sala cheia de estranhos. Na noite de domingo, eu estava em uma sala com alguns de meus melhores amigos na cidade". Como conhecia muito poucas pessoas em sua área antes daquela sexta-feira, Sasha diz que sua rede de contatos profissionais "explodiu", e "também minha noção de novas tecnologias, mercados e companheiros de trabalho em potencial". Desde aquele primeiro Startup Weekend, ela já trabalhou como colunista para um site focado em startups, vendeu uma empresa que lançou e trabalhou como consultora para outras iniciativas.

Aproximar pessoas em um ambiente como o do Startup Weekend atende a um duplo propósito. É uma maneira de atenuar futuros riscos financeiros, uma vez que você descobre logo se seus companheiros são capazes de ajudar a começar um negócio. E é também um método de assegurar que a experiência de iniciar um negócio seja pessoalmente gratificante. Uma vez que 90% dos negócios fracassam, parte do pagamento deve ser em experiência. Se você não gosta de trabalhar com seus parceiros, então essa experiência está fadada a ser ruim. Se você trabalha com eles por um final de semana, você está em melhores condições de avaliar se irá se divertir trabalhando com eles em longo prazo. Alguns participantes constroem empresas que alcançam o sucesso e crescem para além do Startup Weekend, e quase todos os participantes constroem relacionamentos profissionais, amizades e, às vezes, até um sócio no Startup Weekend.

Tirando Vantagem da Configuração de Alta Energia e Baixo Risco

A natureza de baixo risco de fazer networking em um Startup Weekend leva muitas pessoas a decidir que também podem expandir seus horizontes com segurança de outras maneiras. Kyle Kesterson era um desenvolvedor de brinquedos que morava em Seatlle e não pensava ter nada a aprender em um Startup Weekend. De acordo com Kesterson, seu amigo e veterano de startups Donald DeSantis "descreveu o evento como trabalhar com pessoas no desenvolvimento de aplicativos para a web e iPhones, e como era legal, o que eu até ouço mas não dou muita atenção". Kesterson se lembra dos esforços de DeSantis para convencê-lo a ir a um Startup Weekend: "Eu inventei todo tipo de desculpa e acabei até faltando a sexta-feira à noite, pensando em gazear todo o final de semana".

À 1 hora da manhã de sábado, Kesterson se lembra de ter recebido uma ligação de DeSantis, "soando como se tivesse acabado de despistar policiais em uma perseguição". DeSantis disse que a experiência do Startup Weekend era fantástica, porém que "não havia designers lá e não importava qual era minha experiência; se eu tivesse *qualquer* habilidade no design ou olhar para estética, eu seria bastante cobiçado". DeSantis não aceitaria um 'não' como resposta.

Então, no sábado às 7h30min da manhã, Kesterson chegou ao seu primeiro Startup Weekend. Ele reconhece que o projeto em que ele acabou trabalhando soa um pouco ridículo: um animal de estimação virtual criado para parecer com o John Stamos. Este *Tamagotchi*, como esse tipo de criatura digital é chamado, é supostamente um tipo de item nostálgico para quem lembra de Stamos como o Tio Jesse no seriado da década de 1980, *Três é Demais (Full House).*

Kesterson lembra de ter rabiscado a criatura e trabalhado nas diversas características em seu computador. Todos os demais estavam trabalhando na programação ou nas apresentações em PowerPoint, assim, a maioria das pessoas passava por seu laptop e ficava um tanto surpresa.

Contudo, muitas pessoas também ficaram impressionadas. Ao fim do evento, Kesterson tinha uma pilha de cartões de visita e algumas ofertas de emprego. Alguém chegou até a se oferecer para levar seu portfólio para o diretor de desenvolvimento criativo da Pixar.

A equipe de Kesterson recebeu o prêmio de ideia mais sujeita a conquistar um milhão de dólares — e até hoje as pessoas que participaram daquele evento falam a respeito. Mais importante ainda, Kyle experimentou pela primeira vez o mundo de uma startup. Atualmente, ele é o cofundador de uma startup chamada *Giant Thinkwell*, que constrói plataformas para interação com fãs para celebridades e pessoas influentes a fim de expandir, engajar e rentabilizar seus seguidores por meio de experiencias online e móveis. Eles evoluíram de John Stamos a Lady Gaga. Kesterson é também graduado no programa *Seattle's TechStars*, uma iniciativa que apoia empreendedores promissores.

Revendo sua experiência, diz Kesterson: "Dar início à *Giant Thinkwell* nem passava pela minha cabeça" antes do Startup Weekend. Ele admite que "não tinha qualquer contato, *insight* ou compreensão do mundo de tecnologia e startups. Mesmo quando eu estava motivado a começar uma empresa que fosse além de trabalhos como designer e ilustrador freelancer, eu não teria a menor ideia de como montar uma apresentação para investidores, com quem falar ou o que levar em consideração ao montar uma equipe. Eu estava absolutamente verde, ingênuo e sozinho".

> Assim como você costumava escrever rascunhos de seus trabalhos de escola, passar um tempo significativo no rascunho de uma startup não é uma perda de tempo. Criar esboços em eventos colaborativos de alta energia e baixo risco ajuda a identificar e a corrigir fraquezas. Pense nele como um ensaio geral de sua startup!

O networking orientado para ação que encontrou no Startup Weekend deu a Kesterson não apenas uma grande lista de novos contatos e muito mais conhecimento do mundo de startups, mas também o colocou em um mundo enérgico de pessoas motivadas. "O Startup Weekend foi como uma injeção de adrenalina no coração, algo no estilo do filme *Pulp Fiction*", diz ele. Como desenhista, Kesterson não consegue resistir a fazer uma comparação com animações; diz que se sentiu como o personagem *Littlefoot*, do desenho *Em Busca do Vale Encantado (The Land Before Time)*, quando finalmente chegou no Vale Encantado. Kesterson explica: "Fez com que meu mundo anterior parecesse muito primitivo e fora do jogo. As pessoas no Startup Weekend estavam tão entorpecidas de criatividade e produtividade e ansiosas para colaborar".

Ter a oportunidade de conhecer todas essas pessoas de outras áreas de trabalho era algo que Kesterson diz nunca ter acontecido para ele no colégio ou em seu trabalho formal como designer de brinquedos. O Startup Weekend o apresentou a "pessoas de uma ponta do espectro vindas da Microsoft e do Google", assim como àquelas que Kyle pensa serem de um "ambiente estéril de negócios entre empresas". Ele explica que, embora não se encaixe naquele mundo também, as pessoas vindas desses outros tipos de ambientes "tinham ideias muito interessantes sobre como seria a colaboração com alguém com meu conjunto de habilidades".

De fato, muitas pessoas que participam dos Startup Weekends trabalham em empresas maiores. Ainda que sintam possuírem recursos ilimitados onde estão, isso pode ser paralisante, de certa forma — porque elas começam a acreditar que precisam de todos esses recursos de maneira a começar uma nova empresa. Mas não precisam. É exatamente por isso que pode ser muito benéfico para elas fazer contato com veteranos em startups e trabalhar lado a lado com pessoas que têm a coragem de se engajar nesse processo.

Kesterson conheceu pessoas no Startup Weekend altamente refinadas, e outras nem tanto; conheceu pessoas que gostavam do jogo social e outras que, definitivamente, não. "Havia uma grande diversidade, mas tudo tinha a ver com tecnologia e ideias prósperas. E todos estão realmente animados, abertos e generosos com suas ideias". Ele diz que esse tipo de abertura é algo que não havia encontrado antes. "Não era brilhantismo receosamente guardado"; eram pessoas "simplesmente querendo obter tanto feedback quanto pudessem e realmente buscando. E essa busca incluía descobrir que ideias você poderia ter".

Kesterson diz que, quando estava no colégio, imaginou que algum dia poderia ser bem-sucedido o suficiente para ser um designer freelancer, mas mesmo nesse caso ele estaria apenas trabalhando nos designs de ideias dos outros; nunca havia sonhado que poderia ter sua própria empresa onde também criasse os conceitos daquilo que estava desenhando.

A experiência educacional de Kesterson, prévia ao Startup Weekend (a qual, em todo caso, estava totalmente limitada aos seus talentos), não é exclusiva — e este não é um fenômeno educacional exclusivo aos Estados Unidos. Thibaut Labarre, outro participante do Startup Weekend, explica que em sua experiência na *Grand Ecole d'Ingénieurs* da França, "a qual supostamente ensina aos melhores e mais brilhantes cientistas e engenheiros", não se expôs a pessoas de outras áreas ou que tinham grandes ideias empreendedoras. Contudo, em um Startup Weekend em Paris, Labarre e seu time desenvolveram um site no qual as pessoas poderiam compartilhar seus *insights* sobre o que aconteceria no futuro. "O objetivo", explica, "era reunir todos os cérebros de maneira a ter as melhores previsões do que aconteceria". Labarre diz que gostaria de tornar um curso inspirado no Startup Weekend como parte do currículo de sua universidade. "O Startup Weekend me deu o espírito de startup e o sentimento de que tudo é possível quando pessoas com diferentes experiências trabalham juntas por uma causa em comum".

Saia de Sua Bolha

Empreendedores devem ser diferentes das pessoas que trabalham para grandes empresas. Não podem apenas sentar em seus cubículos e interagir com outras pessoas que fazem exatamente o que eles ou que tiveram o mesmo tipo de treinamento. Como um veterano de startups e evangelista de networking empreendedor, Bob Crimmins recomenda: "Os relacionamentos mais importantes que você tem como empreendedor são com pessoas que *não fazem* o que você faz".

Empreendedores devem agir como CEOs, só que com uma abordagem mais executiva. Eles devem conhecer um pouco de cada aspecto do negócio. Não é que eles devam ser capazes de substituir um programador no caso de uma falta por doença, porém precisam saber no que consiste a programação. Devem desenvolver um senso de quanto tempo as coisas levam e como o trabalho é feito. No entanto, nossas interações do dia a dia, com frequência, não nos fornecem a oportunidade de ver como nossos colegas em outros departamentos realizam seus trabalhos. Sair da bolha de sua própria área de trabalho é crítico para tornar-se um empreendedor de sucesso. Como discutiremos mais adiante, o Startup Weekend permitiu a empreendedores serem capazes de olhar para o processo como um todo e ver como é possível torná-lo melhor e mais eficiente.

Muitos dos líderes de projeto no Startup Weekend gostam de ser modestos e dizer que apenas pagaram o café pela manhã e a cerveja à noite e que, na verdade, foi sua equipe que fez todo o trabalho. Porém, dificilmente é o caso. Manter a equipe em equilíbrio, combinando as habilidades individuais com algum elemento particular do projeto, além de assegurar-se de que as pessoas estão se dando bem e se divertindo enquanto trabalham, é parte importante de ser o fundador de uma startup. E o networking orientado para ação do Startup Weekend dá aos jovens empreendedores uma chance de experimentar esses papéis.

E nem todo o networking que acontece é com sua própria equipe. Uma participante do Startup Weekend, Alexa Andrzejewski, fundou uma empresa chamada *Foodspotting*, um aplicativo para rede social que permite aos usuários postar fotos e recomendar seus pratos favoritos (não apenas seus restaurantes favoritos). Alexa descreve como ela veio para o evento com uma ideia em mente, mas não planejava desenvolvê-la por completo naquele final de semana. Em vez disso, ocupou um trecho de uma parede em branco e começou a colar notas em *post-its* com os membros de sua equipe que tinham ideias de design escritas. Como Andrzejewski explica: "Queríamos fazer um brainstorm de um jeito bastante visual". E funcionou perfeitamente; outros participantes do Startup Weekend passavam e faziam perguntas ou davam sugestões. "Conversávamos com alguém que fazia pesquisa de mercado sobre como poderíamos pesquisar em restaurantes para ajudar o *Foodspotting* a melhorar, e conversamos com um advogado que nos explicou o que estava envolvido em começar uma empresa, de fato.

Half Baked — Malpassado

O jogo "Mal passado" é excelente para quebrar o gelo e encorajar os participantes do Startup Weekend a relaxar, conhecer os colegas, praticar apresentações e lembrar que estamos todos aqui para nos divertir. As ideias de startup do "Mal passado" encorajam as pessoas a pensar criativamente e podem ser adaptadas a muitas situações diferentes.

1. Preencha metade de um quadro branco grande com tantas palavras aleatórias quanto consiga pensar: girafa, banana, meloso, vulcão, Pé Grande, explosivo, disco voador, pantufas, roxo, Zeus, petúnia...

2. Encoraje o grupo todo a gritar mais palavras aleatórias até que o quadro branco esteja preenchido.

3. Divida o grupo em equipes de tamanho igual ou aproximado por meio de uma contagem (seis por grupo parece ser o número mágico). Nós gostamos de enumerar as pessoas de forma que cada seis pessoas ingressem em equipes diferentes — dessa forma, grupos de amigos são obrigados a se separar e a conhecer novas pessoas.

4. Cada equipe deve escolher duas palavras do quadro, as quais serão o nome da startup. Quem chegar primeiro leva os pares de palavra e uma mesma palavra não pode ser utilizada duas vezes. (Por exemplo, a Equipe 4 escolhe Banana Explosiva, então a Equipe 7 deverá mudar de Banana Melosa para Pantufas Melosas).

5. Uma vez que tenham escolhido suas palavras, as equipes têm dez minutos para preparar uma apresentação de um minuto que explica a ideia de sua startup para o grupo (encenações e paródias são bem-vindas!).

6. Em ordem aleatória, cada equipe apresenta sua ideia fresquinha de startup. Por exemplo: "Nós somos a Equipe 4 e gostaríamos de apresentar a Banana Explosiva. Todos sabemos que as crianças nem sempre comem frutas o suficiente e achamos que isso acontece porque frutas são sem graça. Então, como os pais podem fazer seus filhos comerem frutas? Servindo com as divertidas, porém seguras, Bananas Explosivas, é claro!...".

7. A equipe vencedora é escolhida por meio dos aplausos e ganha o direito de se gabar.

* Startup Weekend gostaria de agradecer a Dave McClure por nos apresentar o "Malpassado" (Half Baked)

Andrzejewski pôde apresentar sua ideia diversas vezes para dúzias de pessoas e, assim, recebeu valioso feedback. Quando foi embora no domingo, ela já tinha uma ideia muito melhor de como fazer seu conceito funcionar efetivamente — e tinha praticado *bastante* como vender a ideia para potenciais usuários. Mesmo não tendo encontrando o resto de sua equipe no Startup Weekend, as conexões realizadas, finalmente, deram acesso ao investimento inicial para seu empreendimento.

Outro participante do Startup Weekend em Grand Rapids, Michigan, trabalhou em um projeto chamado *Rethink Water*, o qual buscava reduzir o lixo gerado por garrafas plásticas de água instalando filtros nos campi universitários. Ele lembra de seus colegas de equipe: "Nossa amizade instantânea, assim como sua paixão pelo projeto e nosso interesses em comum em levar não somente o projeto do *Rethink Water*, mas outras ideias na mesa, para o mercado, serviu de combustível através do evento e até hoje".

Como Alexa, esse empreendedor nos contou que não foram apenas as pessoas em sua equipe que ajudaram. "A natureza colaborativa e aberta do evento foi um aspecto que eu apreciei muito". Ele estava impressionado com a maneira como "todos estavam dispostos a compartilhar seu trabalho e a ajudar outros com os seus. Podíamos estar lutando com um problema em um momento, quando alguém de outra equipe parava, dava uma olhada, e oferecia alternativas criativas".

> Há muitos exemplos em nossa vida cotidiana em que contamos com feedback de nossos amigos: fazer compras, escolher cores de calças, planejar férias, conselhos amorosos — e a lista segue. Considerando como o feedback é importante, não negligencie as perspectivas externas quando estiver construindo sua startup.

Outra mulher veio ao Startup Weekend com a ideia de fazer algo similar ao Groupon, mas direcionado a mulheres, ou seja, oferecer descontos em produtos ou serviços nos quais mulheres estariam interessadas. Assim como no Groupon, a oferta só seria validada se um número mínimo de pessoas comprassem. Então, ela montou uma equipe e enviou mensagens a todos os participantes do Startup Weekend pedindo seu feedback. Eles acabaram mudando seu modelo durante o evento para incluir a ideia de que uma parte do dinheiro deveria ser doado para a caridade, e que eles destinariam às empresas uma parte maior do lucro do que o Groupon. No domingo, aquela ideia já havia se tornado um ótimo modelo de negócio mas, graças a todo o feedback que receberam dos colegas de Startup Weekend, ele já não se parecia muito com o que havia começado na sexta-feira à noite.

Se ainda Não é um Startup, Pelo Menos Construa Relacionamentos

O Startup Weekend começa a atrair investidores e veteranos de startups para seus eventos, pessoas que querem ver qual (ou, mais importante, quem) é o *próximo grande negócio*. O mundo de investimentos em startups pode ser complicado. Conhecer as pessoas certas a quem perguntar, o volume certo de dinheiro a pedir, apresentar sua ideia corretamente — todas essas são coisas sobre as quais alguém recém-formado na universidade ou que tenha passado anos trabalhando para uma empresa de software pode não fazer a menor ideia.

Investidores são frequentemente bombardeados com propostas para novas ideias de negócios. Como eles saberão quem vai dar retorno? Empreendedores iniciantes, sem histórico de percurso, terão dificuldades em colocar suas propostas no topo da pilha. Mas o Startup Weekend permite a investidores observar o desenvolvimento de uma ideia da apresentação na sexta-feira à noite (um brilho nos olhos do fundador) até um modelo de negócio real — e, às vezes, até um negócio real — no domingo à noite. Ainda que um investidor não financie aquela ideia, ele pode encontrar alguém a quem esteja disposto a apoiar no futuro.

O contrário também pode acontecer. Danielle Siauw participou de um Startup Weekend em Cingapura no qual ela apresentou sua ideia do *FashinSpace* — basicamente um site com uma seleção de revistas de moda elaboradas pelos usuários, um *Facebook da moda* ou um congregador de moda e ferramenta de busca juntos. Ao fim, sua ideia não se mostrou muito popular entre os colegas de Startup Weekend e não foi selecionada para ser trabalhada. No entanto, sua apresentação chamou a atenção de um investidor anjo. Em pouco tempo, diz Siauw: "Eu me demiti do trabalho triste e encontrei vida nova em minha nova startup com a ajuda do Startup Weekend. Finalmente, alcancei meu sonho de ser uma empreendedora".

Donald DeSantis, um veterano de diversos Startup Weekends na região de Seattle, estava participando de um na Costa Rica quando conheceu um dos participantes, um jovem que tinha uma startup recém-nascida. Embora não fosse o projeto no qual ele acabou trabalhando ao longo do evento, DeSantis foi adiante e apresentou o rapaz para alguns dos jurados. O participante os contou sobre seu negócio e ao fim conseguiu investimentos. Como relata DeSantis, o rapaz comentou: "Eu não tinha nenhum relacionamento com investidores. Na Costa Rica, leva muito tempo para construir tais relações, e há muita burocracia e mãos a se molhar. Você acelerou completamente o processo para mim".

Antiga Diretora Executiva da *Northwest Entrepreneur Network*, Rebecca Lovell compareceu a alguns Startup Weekends para oferecer sua perspectiva de investidora. Ela recomenda que os participantes tentem conhecer os jurados e outros palestrantes convidados que estejam nos eventos. Lovell compara a participação em um Startup Weekend a "ter um passaporte que dura um final de semana. Você precisa tirar vantagem do tempo que passa lá para fazer conexões fortes". Ela diz que muitos dos investidores lá estão "naturalmente predispostos a ajudar, mas são muito, muito ocupados". Então, você precisa causar uma boa impressão neles durante o evento. Não basta entregar seu cartão de visitas; é preciso abordar e criar uma conexão genuína.

Ajuda o fato de os jurados e os potenciais investidores no Startup Weekend poderem ver o que os participantes são capazes de fazer — mesmo que a ideia em que eles trabalham ao longo do evento não seja aquela na qual eles esperam investir. De fato, pensamos que jovens empreendedores tendem a estar *muito* focados em suas ideias atuais. Nós acreditamos que são as *pessoas* que irão fazer ou falir o empreendimento, não a ideia. Como dissemos antes, ideias custam um centavo a dúzia. É isso que torna o networking orientado para ação do Startup Weekend tão importante. Aqueles que participam conhecem pessoas que podem, afinal, determinar o sucesso de um empreendimento. Lovell também alerta empreendedores quanto a concentrar-se excessivamente em suas ideias, ou pensar no Startup Weekend meramente como um lugar para encontrar pessoas para trabalhar de graça em sua ideia. "Quando as pessoas estão casadas com uma ideia, ela pode dar horrivelmente errado", diz ela.

Um de nossos facilitadores, que já trabalhou em outros programas de orientação para startups como o *Y-Combinator*, diz que esses tipos de programas escolhem empresas para apoiar baseados nas pessoas que formam as equipes, e esperam que as ideias mudem no caminho. "Como facilitador, procuro os participantes marginalizados na sexta-feira à noite, os quais estão lutando para decidir a qual equipe se integrar ou que se sintam desmotivados porque sua ideia não foi escolhida. Eu os digo para simplesmente falar com as equipes e integrar-se a uma em que as pessoas pareçam divertidas."

Diversidade de Experiência é Essencial

O networking orientado para ação não é importante apenas para empreendedores individualmente. Também é vital para o processo de estabelecimento de uma estrutura de startups em determinado local. Em cidades como Nova York ou Londres, empreendedorismo pode parecer corriqueiro. Todavia, há muitos empreendedores ao redor do país e do mundo que precisam, de uma maneira efetiva, conectar-se com sócios e colegas — pessoas que compartilham do espírito de startup. O tipo de trabalho que acontece no Startup Weekend permite às pessoas formar laços fortes que, ao fim, se convertem em uma comunidade. Tipicamente, os organizadores do Startup Weekend têm muitos contatos em suas comunidades de startup, negócios e/ou tecnologia. Portanto, ainda que a barreira de entrada pareça baixa, os eventos frequentemente são compostos de um grupo de participantes altamente motivado e conectado.

E o alcance internacional do Startup Weekend significa que empreendedores buscando expandir seus horizontes têm um recurso para encontrar pessoas com afinidade de pensamento por todo o globo. Um participante do Startup Weekend lançou uma empresa que fornecia soluções em guarda-volumes para praia e eletrônicos em Portugal. Ela queria expandir para a França, mas percebeu que não poderia fazê-lo sozinha. Então, compareceu a um Startup Weekend em Toulouse e conheceu "pessoas altamente motivadas e com experiências diversas" que a ajudaram a desenvolver os planos para avançar para outros países.

A diversidade de experiências individuais é crítica para o sucesso do Startup Weekend e necessária para compor as melhores equipes empreendedoras. Eric Lagier é o fundador do Memolane, uma ferramenta para coletar e organizar fotos, música, vídeo, *tweets*, atualizações de status e blogs — um aplicativo tudo em um. Dos dois sócios fundadores que conheceu em um Startup Weekend em Copenhague, ele revela que um tinha muito pouca educação formal, enquanto o outro tinha dois mestrados. Eles eram de diferentes países — sua equipe original incluía pessoas da Alemanha, da Holanda, da Suécia, do Reino Unido e da Dinamarca — e Eric está convencido de que, "em circunstâncias normais, nós nunca teríamos nos conhecido". Ele também se assombra com a amplitude de idades que encontrou no Startup Weekend — de jovens de vinte e poucos anos a pessoas que já levam em seu histórico longas carreiras no mundo corporativo.

Na melhor das hipóteses, Eric diz que poderia ter passado seis meses tentando montar não apenas uma equipe com a variedade certa de habilidades, mas que estivessem dispostos a trabalhar com ele em seu projeto. "Aqueles caras poderiam ter passado seu final de semana bebendo, fazendo festa e sabe-se lá o que mais. Mas, em vez disso, eles decidiram passá-lo no Startup Weekend".

E não foi apenas sua própria equipe que se reuniu assim; Eric observou também outras. Ele fala sobre um gerente de desenvolvimento de negócios que conheceu um gerente de projetos com quem criou uma startup bem-sucedida. Revendo o passado, Eric diz que "muita energia foi desencadeada" quando os dois trabalharam juntos.

Alexa Andrsejewski disse que teve uma experiência similar de encontrar um amplo sortimento de pessoas no Startup Weekend. "Eu era uma consultora de experiência do usuário", diz ela, "e, olhando para minha rede de relacionamentos, percebi que todos que eu conhecia também eram pessoas da área de experiência do usuário", o que significa que todas as pessoas que conhecia só ocupariam um papel na *Foodspotting*. Alexa não conhecia investidores ou desenvolvedores; conforme ela brinca: "Eles devem ir a acampamentos de desenvolvedores e coisas assim". Uma das razões de ela ter vindo ao Startup Weekend foi para "polinização cruzada". Mesmo a Foodspotting não tendo vencido a competição naquele final de semana, um dos juízes ofereceu US$ 5 à sua equipe ao fim da competição — e, na sequência, ofereceu diversos conselhos sobre conseguir mais investimentos.

Como Manter a Energia?

Uma pergunta que nos fazemos constantemente é como fazer a atmosfera de o Startup Weekend se manter em uma comunidade, mesmo depois do evento estar encerrado. Nós não pensamos que seja coincidência que muitos dos nossos participantes estejam desenvolvendo aplicativos e programas que ajudam as pessoas a manter contato e aproximar pessoas com afinidade de pensamento. A tendência dos espaços de trabalho compartilhados é um importante desenvolvimento. A ideia de pessoas trabalhando em projetos lado a lado, pessoalmente e em tempo real, continuará a encorajar o tipo de contato e networking orientado para ação que começa no Startup Weekend.

Quando Tyler Koblasa percebeu que algo chamado "Coloft"*** havia aberto em Los Angeles, ele sugeriu fazer um Startup We-

***(N.T.): "*Coloft*" pode ser compreendido como "apartamentos compartilhados".

ekend lá. "As pessoas sabem que estarão ao redor desta comunidade e poderão encontrar o que procuram". Espaços de trabalho compartilhados, diz ele, "são um componente crítico para catalizar o Startup Weekend, pois não se limita àqueles três dias. Congrega tudo o que acontece até o evento e o que acontece depois". Tyler começou, inclusive, a realizar um evento mensal no qual as pessoas pagam US$ 10 para trabalhar em um projeto das sete da noite às duas da manhã com outros participantes. "Nós queremos gerar tanto uma fonte para o Startup Weekend quanto uma rede de contatos para depois".

O networking orientado para ação é um fenômeno intensamente local. Você não apenas precisa ser capaz de ver e conversar com as pessoas, como também estar com elas por horas, se não dias, de uma vez. Mas esse tipo de networking local também pode ser expandido. Há pessoas que vêm de outras cidades para nossos eventos e outras que conhecem seus sócios e investidores e colegas por meio de nossa extensa rede nacional e internacional de contatos. Você pode pegar o conhecimento obtido de outras pessoas nos Startup Weekends e transformar algo local em global.

Nos últimos anos, diversos membros de equipes do Startup Weekend foram ao *South by Southwest Festival* (SXSW)[****] em Austin, Texas. O SXSW não é somente um bom lugar para conhecermos pessoas enérgicas e de mente aberta; é também um excelente modelo para o Startup Weekend. Se pararmos para pensar, as pessoas que fazem música ou produzem filmes ou arte podem frequentar coquetéis ou as mesmas escolas de cinema. No entanto, eventos como o SXSW ou o *Sundance Festival* são realmente prova do que elas são capazes. As pessoas vêm a esses eventos sabendo que verão gente talentosa em ação. Os efeitos do SXSW reverberam pelo resto do ano tanto nos Estados Unidos quanto na indústria musical global.

****(N.T.): Este é um dos maiores festivais de música e filmes dos EUA, com repercussão internacional.

Por mais exclusiva e intensa que seja a experiência no Startup Weekend, nós também pensamos que ela tem implicações mais amplas e de longo prazo. Conforme as pessoas aprendem as lições do Startup Weekend, aplicam em suas próprias comunidades e as espalham por uma variedade de lugares e indústrias, nós esperamos que elas se tornem parte integral da revolução do empreendedorismo.

2

Boas Ideias Pedem Grandes Times

Busque Talento, Não Investimento

São Nove Horas da Noite na sexta-feira e você está em uma sala repleta de estranhos. As caixas de pizza já esvaziaram há tempos, mas algumas pessoas ainda se agarram às cervejas (mesmo quentes). Há muito barulho neste salão em Manhattan. Faz calor também, e, honestamente, as pessoas começam a cheirar um pouco mal. Contudo, você mal percebe. Em vez disso, tenta intensamente conversar, desgastando suas cordas vocais sobre ideias de negócios e códigos de programação, publicidade e nichos de mercado, capital para investimento e os aspectos do sucesso empreendedor. Você busca, às vezes em vão, as pessoas a que assistiu há poucos minutos tentando vender suas ideias e tenta encontrar pessoas interessadas nas suas. Você tem nas mãos caixas de pizza com o nome de sua futura empresa, escrevendo com pincel atômico nas costas dos pratos de papel e os lançando como frisbees na multidão fazendo tudo o que pode para se destacar nesse caos.

Há poucos minutos, havia uma certa ordem no salão. Você estava pacientemente alinhado à parede, com outras 30 pessoas, esperando para apresentar uma ideia para um novo negócio em 60 segundos. Mesmo após 75 apresentações, havia um silêncio artificial quando cada pessoa começava a falar. Quando você observava a fila, serpenteando pela sala, via algumas pessoas movendo-se nervosamente, alinhando suas roupas e arrumando seus cabelos. Algumas tomavam notas. Outras tentavam memorizar textos como se estivessem para fazer uma audição para um musical da Broadway.

Você também se fazia algumas perguntas: Deveria tentar ser engraçado ou sério? Para quem deveria olhar? Contaria sobre o que faz da vida? Alguém se importaria? Mencionaria de quantos eventos desse tipo já havia participado? Seu sotaque seria muito pesado?

Você falaria muito alto ou muito baixo? Sessenta segundos, você começa a pensar, não é muito.

A Mágica dos 60 Segundos

Quando resolvemos planejar os eventos no Startup Weekend, nós não escolhemos 60 segundos arbitrariamente para dificultar para as pessoas ou porque gostamos de ver o pânico tomar conta de seus rostos quando percebem que o tempo está acabando (embora seja um tanto engraçado). Queríamos ser práticos: ninguém iria para casa na sexta à noite se deixássemos todos que gostariam de apresentar suas ideias falar por mais tempo.

Contudo, havia uma razão ainda maior: 60 segundos é mais ou menos o tempo que se tem em um elevador para explicar a concepção de sua empresa para um estranho (até menos, se você descer em um andar baixo). Passado esse minuto, você começa a perder a atenção das pessoas. Ainda que tenha uma reunião agendada com alguém, a que possa durar mais tempo, o conselho de sua professora de redação do colégio está certo: a frase de abertura e o parágrafo introdutório precisam ser excelentes. As pessoas se distraem se você não ganhar seu interesse com as primeiras palavras que saem de sua boca.

Então, é melhor fazer os 60 segundos valerem. Aqui está o conselho que damos aos participantes no que gostamos de chamar: "Lança-chamas de Sexta" sobre quais perguntas responder para utilizar o tempo com inteligência:

- 5 a 10 segundos: Quem é você?
- 10 a 20 segundos: Qual o problema que seu produto/serviço resolve?
- 10 a 20 segundos: Qual a solução?
- 5 a 10 segundos: De quem você precisa na equipe?

EU PRECISO + CONCLUSÃO

Qualquer um com um histórico na área médica é bem-vindo; também preciso de um designer e alguém que queira ou saiba fazer um aplicativo para dispositivos móveis. Vamos salvar vidas!

QUEM É VOCÊ

Meu nome é Jen, sou desenvolvedora de *Ruby on Rails* e adoro cupcakes.

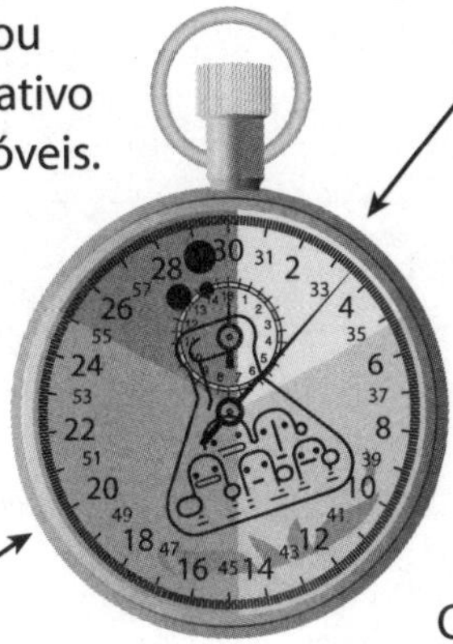

A SOLUÇÃO

Quero rastrear e geolocalizar pessoas que têm sintomas de pré-diabetes. Assim, vamos construir um mapa em tempo real. A meta é comunicar o problema. Também planejo ajudar as pessoas com sintomas de pré-diabetes a encontrar ajuda, conectando-as por meio de um aplicativo para dispositivo móvel.

O PROBLEMA

Eu gostaria de ajudar pessoas com diabetes; atualmente, há mais de 170 milhões de pessoas ao redor do mundo sofrendo de diabetes. A pré-diabetes é o estado em que alguns dos critérios para um diagnóstico de diabetes são preenchidos, mas não todos. Esta é considerada a maior epidemia de saúde nos EUA, afetando mais de 57 milhões de americanos.

Nossa experiência mostra que os participantes tendem a concentrar-se demais na primeira: Quem é você? Quando você está apresentando uma ideia para uma empresa startup, o público *quer* saber algo sobre você — se você teve experiência na área. Por exemplo, um cara que queria lançar uma empresa que enviaria brinquedos-surpresa para crianças pelo correio mensalmente disse que havia trabalhado no mercado de brinquedos, o que o dava, certamente, alguma credibilidade. Contudo, as pessoas em nossos eventos não ligam muito para qual escola você frequentou, menos ainda se terminou. Pode até contar sobre sua origem ou outras informações pessoais — mas apenas se elas forem relevantes, ou se achar que, de alguma maneira, elas irão tornar a plateia mais receptiva.

Você deve chegar ao ponto principal o mais rápido possível. A parte mais importante da apresentação é explicar o problema e fazer as pessoas entenderem o *ponto-gatilho*. Lembramos de um cara que levantou-se e explicou que, recentemente, comprara um presente de aniversário para sua namorada. Havia custado caro e, quando o entregou, disse ele: "Ela me olhou como se eu tivesse chutado um cachorrinho". Basta dizer que ela não ficou emocionada com o item que ele escolheu. Sua ideia era criar um site que ajudaria homens a comprar presentes para as mulheres em suas vidas, e foi uma venda fácil depois de a audiência ouvir aquela história. Que homem no salão *não* havia passado por aquilo? Todos iriam querer conferir a "*Manshopper*".

Outro empreendedor divagou em voz alta sobre o incômodo das chamadas em conferência: Quem nunca teve a experiência de esquecer de uma chamada em conferência ou esperar por muito tempo que as outras pessoas se conectassem? Sendo você a parte responsável ou irresponsável, o processo é irritante. A pessoa apresentando a solução para esse problema imitou a monótona voz automatizada que solicita repetidamente o código de seis números e anuncia o número de pessoas na chamada em conferência. Quando sugeriu que poderia oferecer uma maneira de seu telefone tocar quando fosse hora da chamada começar, ele ganhou toda a plateia.

Quando você pensa em explicar o problema, seja para uma plateia, um investidor ou um cônjuge, deve pensar em termos de problemas. Algo está faltando. As pessoas que querem estar conectadas não estão. As pessoas estão insatisfeitas com um serviço que já está sendo oferecido a elas, ou não conseguem imaginar como encontrar algo melhor.

Pode ser algo sério, como perceber que muitas pessoas estão dispostas a oferecer abrigo a vítimas de desastres enquanto as vítimas e os grandes fornecedores de abrigos não conseguem se encontrar. Isso é o que explicou o fundador do *Sparkrelief* quando veio ao Startup Weekend de Denver, Colorado, em outubro de 2010. Ele havia ficado desabrigado graças a um incêndio florestal na Califórnia e esperava ajudar a outros que passassem pelo mesmo. Hoje em dia, o *Sparkrelief* "dá poder a comunidades e organizações de rapidamente compartilhar informações precisas e fornecer auxílio durante um desastre". O grupo já foi mencionado na revista *Time*, recebeu contribuições do mundo todo e ajudou vítimas dos terremotos e tsunamis de 2011 no Japão.

Entretanto, não se preocupe, você também pode apresentar problemas que são mais triviais. Como este: Você não adora assistir à TV com seus amigos? Como fazer isso sem que eles estejam em sua sala? Com um aplicativo de Internet-TV que oferece chat em vídeo enquanto vocês assistem, é claro.

Entregue uma Solução com Uma Frase

E que tal a solução? Você deve ser capaz de resumi-la em uma frase. Ignore por um minuto todos os recursos bacanas que você gostaria de adicionar e concentre-se na parte central do produto. Como ele resolve o problema que você apresentou? Se você fez um bom trabalho explicando o problema, a explicação da solução deve fluir naturalmente.

Este é o momento em sua apresentação para dar nome ao seu produto. Invente um nome para sua empresa. Mesmo que não seja o que será escolhido ao final, é importante deixar as pessoas com um nome a ser lembrado. Quando os participantes terminam seus 60 segundos sem mencionar um nome, nós normalmente pedimos que inventem um na hora, conforme se afastam. Uma vez que a plateia irá ouvir apresentação atrás de apresentação, você precisa dar algo a que se apegar e destacá-lo da multidão.

Investidores anjo e de *venture capital** podem não ter 50 ou 75 pessoas apresentando ideias a eles em um único dia, mas eles, certamente, têm muitos ao longo de uma semana — particularmente, quando contamos todas as pessoas que descobrem o que eles fazem e querem deixar suas orelhas roxas em um bar ou em festas de aniversário. Porém, a sua plateia, tanto no Startup Weekend quanto em qualquer outro lugar, não é composta apenas de investidores. Também é composta de clientes! Pense em quantos produtos e serviços nos bombardeiam com suas propagandas diariamente, a cada hora, a cada minuto, via e-mail, SMS, *tweets*, telefone, comerciais na TV, outdoors e até faixas em ônibus. Você precisa de um nome para distinguir seu produto do resto.

Todas essas sugestões sobre o conteúdo de sua apresentação são boas para compreensão. É necessário, como se diz, mas não o suficiente — porque você também precisa de entusiasmo. Mesmo que você seja o último da fila a apresentar seu produto — e, eventualmente, será — deve entregar tanta paixão e energia como se fosse o começo do dia. Ao participar do Startup Weekend, você está tentando fazer com que as pessoas dediquem os próximos dois dias de suas vidas a trabalhar contigo. No mundo real, você pede ainda mais compromisso.

---

*(N.T.): É um tipo de capital de risco para investimento em empresas em estágios iniciais. Recebe este nome quando a empresa a receber o investimento possuir diversas incertezas, por exemplo, um produto inovador que ainda não testado no mercado.

Taglines** de Empresas do Startup Weekend

- 123DressMe: Estilo com um sorriso!
- Foodspotting: As melhores comidas e onde encontrá-las.
- Giant Thinkwell: Jogo rápido, divertido e viciante.
- Keepstream: Organize seus tweets com curadoria.
- LaunchRock: Crie uma página viral de "Lançamentos em Breve" em minutos.
- Memolane: Veja, procure e divida a sua vida.
- Roqbot: Seja o DJ.
- SuperMarmite: É a culinária no seu bairro.
- Task Ave.: Lembre-se do que precisa fazer, onde precisa fazer.

Por essa razão, deve estar comprometido com a ideia e ainda inspirar o comprometimento de outros.

Muitos participantes do Startup Weekend nos contam que fazem algumas tentativas até *pegar o jeito*; quer dizer, eles precisam vir a alguns eventos antes de dominar a apresentação. Mas, mesmo que você não esteja muito entusiasmado com sua ideia, não custa tentar. Algumas pessoas com quem conversamos têm uma lista quilométrica de ideias e escolhem uma aleatoriamente quando chegam na sexta à noite. E, quando você termina sua apresentação, deve observar outras pessoas realmente entusiasmadas.

**(N.T.): São como o mote de uma marca ou de um produto. Optou-se por não traduzir, pois seu conteúdo é fortemente cultural e poético, de forma que não seria possível alcançar um resultado satisfatório.

Aquelas pessoas que possuem um ingrediente vital — *energia* — necessário para montar uma equipe de startup bem-sucedida. Se por um lado você não pode ter medo de levantar-se e oferecer sua ideia, também não deve ser tão orgulhoso a ponto de não descartá-la se ouvir algo que soa mais promissor.

Monte uma Equipe

Com uma sólida noção do networking orientado para ação e da arte da apresentação, você pode seguir para a próxima fase de iniciar um negócio: montar uma equipe. Nós pedimos a todos que se certifiquem de nos dizer exatamente de quem precisam para construir seu produto ao final de sua apresentação. Em parte, significa avaliar suas próprias habilidades e descobrir o que falta. Você é um desenvolvedor que precisa de um especialista em design, ou um designer que não tem nenhuma noção de desenvolvimento de negócios? Este é o momento de reconhecer em que ponto sua ideia precisa de ajuda e expertise.

Talvez você também queira conhecer outras áreas de trabalho — em outras palavras, "provar outro chapéu". Talvez você seja muito bom com códigos de programação, mas queira saber se está pronto para trabalhar no lado comercial. Desse modo, deve buscar outros desenvolvedores para sua equipe de forma que não seja o único a fazer aquela tarefa; isso vai permitir você a trabalhar em outros aspectos do projeto. É uma boa forma de trabalhar novas habilidades que você talvez não fosse capaz de lapidar em seu emprego formal porque seria muito arriscado. Pode descobrir que é bom em algo diferente; ou perceber que é realmente péssimo. O crucial é ter em mente que não tem nada a perder. Da mesma forma que fazemos nossos produtos passar por diversas iterações, é importante também nos colocar à prova. É o que fazem os empreendedores.

Sean Kean, um ex-comissário de voo que há 20 anos trabalha como programador, veio ao seu primeiro Startup Weekend visando expandir um pouco seus horizontes. Experimentou o lado comercial das coisas e disse que o Startup Weekend lhe permitiu encontrar a resposta para as questões: "Onde tenho mais valor? Onde posso ser mais eficiente?". Ultimamente, ele passa a maior parte do tempo falando com investidores e clientes, e muito pouco tempo programando. Diz que seus sócios estão aliviados porque preferem trabalhar no back-end*** do projeto.

Tenha em mente que você pode não conseguir todas as pessoas que quer em sua equipe. Nós tentamos reunir números proporcionais de designers, programadores e executivos, mas não forçamos as pessoas a integrar equipes específicas. Portanto, algumas equipes podem ter muitos de uma área e não o suficiente de outra. Esse é apenas mais um desafio a superar.

O Que Você Precisa — Talento e Energia

O Startup Weekend vai ajudá-lo a compreender a diferença entre o que você quer para sua startup e o que precisa. Você pode querer milhares de dólares, um advogado, uma equipe de pesquisa e gastronomia gourmet; contudo, não vai encontrar nada disso em um Startup Weekend. Mas você encontrará o que *precisa* — pessoas talentosas e enérgicas que estão dispostas a adaptar-se a um projeto (e muita bebida energética).

No que diz respeito a encontrar pessoas para sua equipe, a turma do Startup Weekend pode ser difícil. O ambiente é barulhento e as pessoas não se organizaram alfabeticamente ou por categorias. Mas, em diversos aspectos, o caos que se segue às apresentações no Startup Weekend imita o mundo real. Como se fazer ouvir sobre o barulho? Como pode convencer as pessoas certas a integrar sua equipe, mesmo *antes* de ter investimentos ou clientes? Você precisa se ocupar de ganhá-los — e não apenas como parte de uma grande plateia ouvindo sua apresentação de 60 segundos.

***(N.T.): É um termo usado em arquitetura de software que se refere à parte estrutural dos códigos de programação.

Também deve abordá-los um a um. É a diferença entre leiloar um jantar com você para qualquer pessoa na multidão e encontrar a pessoa que você realmente quer levar para jantar e convencê-la a aceitar. Como você chega ao "ótimo, você me pega às 8 horas"? ou, na versão dos Startup Weekend: "Você me encontra ao lado do quadro branco com seu apagador e notebook em 20 minutos"?

Se você é um empreendedor tentando montar uma equipe, precisa convencer o talento a juntar-se a você. Pergunte-os sobre sua visão do projeto e o que podem agregar. Descubra mais sobre suas experiências e compartilhe mais da sua. Dê a eles toda informação relevante de que precisam para tomar uma decisão.

Você já assistiu a um comercial em que não fazia a menor ideia de que produto ou serviço estava sendo vendido?

Quando estiver preparando uma apresentação — seja para uma startup, levantamento de recursos, ou para convencer seus amigos a ir a Las Vegas com você — sempre se concentre na informação que o "cliente" mais precisa para entendê-lo.

E há, também, aqueles que, embora muito entusiasmados com suas ideias, têm dificuldades ao comunicá-las. Nick Seguin, Gerente de Empreendedorismo na *Kauffman Foundation*, diz que ter motivação ajuda, mas ela não vai salvá-lo se não conseguir agregar pessoas. Se você tem problemas para encontrar colegas de equipe, "você deve ser capaz de abstrair-se da situação e descobrir como (1) comunicar a visão [mais claramente] ou [2] desenvolver a visão para conseguir pessoas na mesma sintonia".

Como observamos anteriormente, sua ideia será apenas parte do que atrai as pessoas para sua empresa. A maior parte será por *sua* causa — a ideia deles de como será trabalhar para e com você. Alguns dos mais bem-sucedidos líderes nos Startup Weekends nos contaram que nunca recusam uma oferta de ajuda, e que um líder de sucesso consegue um lugar para cada um na equipe. Ainda que isso não seja sempre verdade no mundo real, no Startup Weekend, as pessoas, geralmente, vêm com habilidades interessantes e disposição para trabalhar. É por isso que a maioria dos participantes não recusa precipitadamente qualquer um que se oferece para integrar sua equipe.

Richard Grote, um veterano de startups de Boulder, Colorado, disse que o Startup Weekend o lembra do trabalho no posto de gasolina do seu pai. "Se eu estivesse parado sem fazer nada, ele me dava uma tremenda bronca. Então, se eu não conseguisse pensar em nada mais pra fazer, apanhava uma vassoura e começava a varrer. Creio que o Startup Weekend é um desses lugares em que tudo o que você quer é se manter útil e ocupado".

Nicholas Gavronsky escreveu sobre sua experiência de lançamento de uma startup chamada *Animotion* no Startup Weekend de Nova York na primavera de 2011. A ideia era deixar as pessoas criarem vídeos em seus iPhones, os quais parecessem séries de fotografias congelando os movimentos. Ele havia ouvido de cada empreendedor de sucesso que conhecera que a equipe era algo "absolutamente crítico". Após o evento, ele escreveu em seu blog: "Cada vez que ouço isso, balanço a cabeça e digo, 'ah sim, claro que isso é importante' — sem, necessariamente, entender a dinâmica de equipe necessária para executar". Ele não conhecia seus colegas de equipe antes de se juntarem, mas, "do momento em que nos sentamos e começamos a trabalhar, nos integramos. Era algo que eu não tinha experimentado antes, nem mesmo na universidade e nos inúmeros trabalhos em grupo que havia feito".

Antes de vir para o Startup Weekend, Gavronsky havia tentado e falhado ao lançar outras duas startups. "Eu finalmente percebi [que havia acontecido] porque as equipes [que montei] não eram fortes o suficiente. [Não foi] devido a um conjunto de habilidades [que faltavam], ou conhecimento do negócio, mas devido à falta de química e habilidade de complementar as fortalezas e as fraquezas uns dos outros. Quando se é capaz de fazer isso — e trabalhar de maneira integrada como fizemos —, cria-se uma paixão e determinação implacável de executar perfeitamente".

Por último, certifique-se de ser absolutamente claro sobre seus interesses e planos quando falar com as pessoas sobre juntar-se à sua equipe. Você quer dar continuidade a esse projeto em longo prazo? Isso é apenas algo que você está testando paralelamente? Espera ser o CEO desta empresa com os outros membros da equipe trabalhando para você, ou espera que todos sejam sócios na startup que surgir daí? Não há uma resposta certa a essas perguntas. Embora pensemos que o modelo de CEO não funcione tão bem em uma operação de três pessoas, é claro, a coisa mais importante é ser transparente sobre seus planos e são motivações. Não deve haver surpresas quando chegar a segunda-feira pela manhã.

- Você tem uma boa ideia de que tipo de pessoas está procurando?
- Você tem um plano ou um cronograma provisório?
- Você sabe que tarefas alocar para quais conjuntos de habilidades?

3

Educação Experiencial

Saia da Sua Zona de Conforto Enquanto Trabalha com uma Equipe

Agora, Você Está Pronto para trabalhar como se deve no lançamento de uma startup. Pense no Startup Weekend como uma forma de educação — o que os especialistas chamam de *educação experiencial*.

Uma de nossas crenças centrais no Startup Weekend é que, para empreendedores aprenderem, eles precisam *fazer*. Espera-se que os participantes trabalhem em equipe em nossos eventos. Eles são encorajados a usar sua criatividade para realizar *brainstorms*, inovar e resolver problemas, além de utilizar suas habilidades analíticas para criar soluções, superar obstáculos e atender às necessidades do mercado. Não importa se uma pessoa vem de um ambiente de tecnologia ou passa seus dias imersa em negócios; todos devem contribuir com seus talentos para encontrar soluções.

A Equipe central do Startup Weekend passa muito tempo explicando essa teoria e provando que a educação experiencial funciona. Sim, muitas vezes, é uma bagunça, e isso é quase sempre imprevisível. Todavia, quando se força as pessoas a buscar dentro de si mesmas suas habilidades, é possível tirar delas muito mais do que sabiam que tinham para dar.

A melhor analogia para esse processo é, provavelmente, aprender outras línguas. Sean Kean, o ex-comissário de voo e participante de diversos Startup Weekends, nos contou que passou seis anos estudando espanhol e nunca usou muito. Ele diz que "não consegue fazer nada funcional em espanhol". Mas ele passou um ano e meio no Japão e agora é fluente em japonês. Vir ao Startup Weekend é como "ir ao exterior". Em outras palavras, é uma imersão total na cultura de startup.

Michael Marasco estabeleceu um programa na *Northwestern University* chamado *Nuvention,* baseado no modelo de aprendizado experiencial. Ele explica seu raciocínio por trás de fazer com que os alunos criem uma organização em suas aulas, em vez de apenas observar estudos de caso de outros negócios já lançados: "Queremos ajudar os alunos a entender como o processo, que emerge de encontrar uma ideia ou um problema, realmente representa os princípios de um negócio — desde construir o negócio em torno disso até apresentá-lo a investidores em potencial". Marasco explica: "Estudos de caso só o levam até certo ponto".

A educação experiencial tem valor inestimável para empreendedores iniciantes. Contudo, também pode ser um estilo de vida para qualquer um em *qualquer* organização. Pode exigir um pouco mais de esforço, mas a maioria das pessoas que encontramos pensa que o aprendizado experiencial é, também, mais agradável. Embora sempre haja fracassos, os sucessos parecem mais reais e mais empolgantes. E isso provavelmente porque *são.*

Além de pregar o poder da educação experiencial em nossos eventos, o Startup Weekend também vive o que fala e dá aos seus colaboradores a tarefa assustadora, mas divertida, de trabalhar por meio da educação experiencial. Um colaborador do Startup Weekend relembra sua entrevista conosco: "No começo nossa conexão era um tanto básica. Eles sabiam que eu era publicitária e eu sabia que eles precisavam de alguém para a área de marketing". Mas, desde então, ela acabou trabalhando em praticamente todas as áreas da empresa. Como ela diz: "Eu acreditava na visão e na equipe, e eles acreditavam em mim. Tudo o mais que veio do meu trabalho desde aquela primeira entrevista foi resultado direto da educação experiencial".

Nós procuramos dar poder a todos os que vêm trabalhar para o Startup Weekend pedindo que criem a descrição de seu trabalho. Nós os motivamos a trabalhar fora de suas zonas de conforto experimentando, com iniciativas, tarefas e objetivos diferentes. É exatamente o que encorajamos os empreendedores a fazer em nossos eventos. Não é preciso entrar em uma startup ou abrir uma empresa para ver o poder da educação experiencial. Como declarou um de nossos participantes: "Nem todos querem ser empreendedores, contudo, a maioria das pessoas quer se desenvolver... E não há melhor maneira de fazer isso que por meio da educação experiencial".

> Embora situações em que você é um aluno e não um especialista possam ser um pouco estressantes, também é verdade que você sai com confiança renovada somada à nova habilidade.
>
> Você consegue se lembrar de uma vez que tenha aprendido uma nova habilidade por intermédio do aprender fazendo?

A Importância do Contexto, dos Prazos e do Feedback Imediato

Há alguns componentes importantes na educação experiencial bem-sucedida. O primeiro, que os publicitários aprenderam ao longo dos anos, é o *contexto*. Se você quiser que as pessoas entendam que devem comprar seu *cupcake*, então você deve colocar uma placa em frente à sua confeitaria e quem sabe até uma foto com alguém comendo um. Não é que as pessoas não saibam o que fazer com um *cupcake* ou onde comprar um; é simplesmente ver que publicidade com contexto ajuda nossos cérebros a processar a mensagem com mais eficiência.

De maneira similar, podemos falar às pessoas, muitas vezes, sobre o que é necessário para começar um negócio de sucesso desde a fundação. No entanto, a menos que eles de fato *passem* pelos passos necessários, não absorverão tanta informação. Algumas universidades começam a perceber isso, e estão adicionando esse tipo de educação a seus currículos de administração. Quando você percebe que não precisa de um certificado para começar um negócio, não há razão para *não* começar enquanto se estuda.

O segundo elemento importante da educação experiencial é *prazo*. É preciso haver uma razão eminente para cumprir a tarefa à sua frente. Beth Altringer, que leciona um curso em Harvard, o qual utiliza os princípios da educação experiencial, explica como os grupos que ensina não aderem a uma ideia até pouco antes de suas apresentações no meio do semestre. "Um prazo é [útil] para um grupo com uma boa ideia porque os força a pensar mais profundamente. Empurra-os para fora da fase conceitual de brainstorming". Nossos prazos no Startup Weekend podem ser mais apertados que a maioria, porém queremos levar as pessoas rapidamente através desses diferentes estágios para assegurar que aprenderão com cada experiência.

Qual é a sua atitude com relação a prazos?

Assim como qualquer outra coisa, quanto mais familiaridade você tem com eles, menos assustadores parecem. Divida grandes projetos em partes menores e estabeleça prazos para cada tarefa. Descobrimos que completar diversas tarefas de sua lista gera grande energia.

Os limites de tempo estabelecidos pelo Startup Weekend forçam os participantes a reduzir suas tarefas às mais vitais. Como disse um participante: "As startups só prosperam quando há limitações. Ao se prender a essa corrida de um final de semana, fomos forçados a tomar decisões difíceis e a refinar o problema, a solução e o mercado aos seus núcleos essenciais".

Eric Koester — um participante veterano do Startup Weekend e agora cofundador do *Zaarly* (um ambiente de negócios no qual as pessoas podem comprar e vender produtos e serviços uns dos outros na hora) — diz: "É criticamente importante compreender como 54 horas são, na verdade, curtas. Basicamente, você precisa ter um plano do que vai acontecer minuto a minuto e o que vai ser preciso para fazer algo que possa ser apresentado no domingo à noite". Ele recomenda visualizar a apresentação e, então, "trabalhar de trás pra frente". Se parece trabalho demais, basta tirar o excesso. "Comece tirando as partes internas que o fariam ter um motor funcional e concentre-se no que vai permitir a você ter algo para mostrar ao público".

Nicholas Gavronsky, cuja equipe no Startup Weekend de Nova York criou o *Animotion* (que agora é um aplicativo para iPhone), diz que a simplicidade é a chave do sucesso deles: "Bolamos centenas de ideias e recursos adicionais. Muitas [pessoas acreditam que] quanto mais recursos acrescentarem melhor o produto final será". Entretanto, Gavronsky e sua equipe discordaram. "Muitos recursos acabam por sobrecarregar os usuários e tiram o foco do que você está tentando fazer. Ao fim, você precisa se [concentrar] na parte central da ideia, repetir e lançar a versão mais simples possível". Claro que você sempre pode desenvolver mais no futuro.

O aspecto final da aprendizagem experiencial que descobrimos ser importante é o feedback instantâneo que costuma oferecer. Uma disposição tradicional de cursos requer que se entreguem tarefas de tempos em tempos para ter feedback de um professor. Se você utilizar alguns dos princípios que discutiremos no próximo capítulo, descobrirá que pode obter retorno imediato de diversas pessoas diferentes (por exemplo, clientes em potencial) sobre o que você produziu, ou mesmo o que planeja produzir. Selecionar essa informação — e algumas partes podem ser contraditórias — é um processo difícil. Contudo, nada substitui aprender em primeira mão e voltar-se para aplicar no projeto.

Nick Seguin, que diz que participar de Startup Weekend é como uma droga para ele, se espantou com o que as pessoas podem aprender sob pressão. "Há uma necessidade como parte da experiência; não consigo que ninguém mais faça isso, então vou procurar as coisas no Google e descobrir como fazer eu mesmo". Porque não há tempo a perder!

Descarregar o cérebro

Então, voltemos à experiência do Startup Weekend propriamente. A primeira coisa que pedimos aos participantes é que *descarreguem seus cérebros*. Sexta-feira é uma noite longa no Startup Weekend. As equipes normalmente só estão montadas quando já passa das 10 horas da noite. Contudo, as pessoas já estão empolgadas e querendo começar a trabalhar. O começo de todo Startup Weekend deve incluir colocar todas as ideias na mesa. É dever do líder da equipe assegurar-se de dar a todos uma chance de oferecer feedback. É importante estabelecer logo o ritmo para deixar todos terem uma chance de falar. Ao fim da sexta à noite, percebemos os quadros brancos na sala preenchidos com listas e diagramas. Observá-los é uma boa maneira de entender como as ideias evoluem realmente.

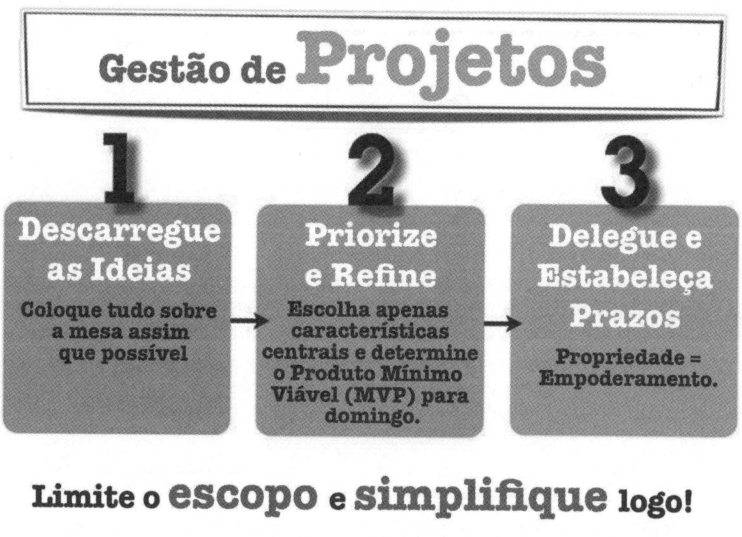

Às vezes, descarregar o cérebro pode resultar em uma completa mudança de planos. Por exemplo, nós testemunhamos uma equipe começar com a ideia de criar um aplicativo móvel para bares. Ao andar por uma região, ele mostraria os bares disponíveis e que tipo de drinques eram servidos. Os proprietários de bares poderiam enviar cupons instantaneamente para os usuários do aplicativo para atraí-los aos seus estabelecimentos.

No entanto, depois de investigar um pouco na sexta-feira à noite, essa equipe percebeu que alguém tinha acabado de criar esse aplicativo e lançado há duas semanas. E o tinha feito muito bem. A equipe tentou pensar em maneiras de melhorar o que estava disponível, mas ao fim decidiram seguir em outra direção. Eles pensaram em outras três ideias possíveis sugeridas por diversos membros. Uma era muito complexa tecnicamente para ser terminada de forma rápida, e a outra não parecia comercialmente viável.

Ao fim, eles chegaram à ideia do *Quotify*. Seria um site que permitiria aos usuários registrar comentários engraçados que seus amigos tivessem feito, tirar fotos deles, e, então — após um intervalo de tempo aleatório (quatro dias, quatro semanas, tanto faz) —, o site enviaria aos usuários as citações engraçadas de seus amigos.

Os membros da equipe determinaram que seria possível desenvolver tal site em um final de semana, e que havia mercado para ele. Explicaram que o que os distinguia era a ausência de imediatismo. Normalmente, quando seus amigos dizem coisas engraçadas, você posta sobre eles no Twitter ou no Facebook. Porém, essas citações normalmente são soterradas por uma avalanche de atualizações. Assim, não seria ótimo se os momentos engraçados pudessem retornar para você mais tarde? Eles facilitariam as piadas entre amigos.

Essa não foi a ideia vencedora naquele final de semana, mas a equipe trabalhou muito bem em conjunto. Como havia apenas seis membros, eles ficaram presos em um dos menores espaços disponíveis — uma sala de conferências apertada e sem janelas — por horas a fio. Eles abriam a porta para circular o ar e fechavam quando queriam praticar suas apresentações ou discutir estratégias. O líder da equipe era bem-humorado e, mesmo quando eles começavam a se sentir pressionados no domingo, seu humor autodepreciativo ajudava. Quando chegou a hora de preparar sua apresentação, eles queriam usar uma gravação com efeitos sonoros. Dois dos membros da equipe tinham uma vaga ideia de como usar o programa *Garage Band*, mas tinham de trabalhar juntos, pois nenhum deles conhecia em detalhes. É fácil imaginar esse time trabalhando junto novamente — qualquer que seja a próxima ideia.

Uma mulher na equipe, a qual tinha experiência com desenvolvimento de negócios, disse ter vindo a um Startup Weekend antes, mas sua equipe havia sido atormentada por dramas o final de semana inteiro. O líder de equipe aparentemente recebeu uma ligação de um investidor da *AOL* em algum momento e começou a diminuir outros membros da equipe. Porém, não deu em nada. Desnecessário dizer que nenhum investidor quis saber das brigas internas da equipe. E os outros membros ficaram bastante irritados com o líder por falar deles pelas costas. Esse tipo de situação é rara no Startup Weekend, felizmente, e nós fazemos todo o possível para nos assegurar que as pessoas entendam que a atmosfera de confiança deva ser protegida. É verdade que algumas equipes têm mais química que outras; novamente, é como sair com outras pessoas. Entretanto, se você se concentrar na tarefa que está em suas mãos em vez de no seu próximo passo individual, o sucesso é mais provável.

O ambiente do Startup Weekend — especificamente, o fato de que *é* uma competição — ajuda a unir as equipes mais rapidamente. Como nos contou um participante do Startup Weekend de Baton Rouge: "Tensão é um eufemismo para estas 54 horas. É possível filmar um *reality show* nestes eventos, graças à intensidade e ao foco dos competidores. Algumas pessoas podem dizer que estão lá apenas para aprender, mas não se deixe enganar, somos todos empreendedores! Competição faz parte de nossa natureza, assim como a sede de reconhecimento".

Então Você Tem uma Ideia Viável — E Agora?

Uma vez que você tenha algo que parece uma ideia viável, é hora de refinar e priorizar rapidamente. Qual é o aspecto mais importante desse produto? Há pelo menos duas escolas de pensamento no Startup Weekend nesse quesito. Algumas pessoas dizem que o mais importante é *construir algo* durante o final de semana. De fato, muitos participantes do Startup Weekend são construtores por natureza e profissão. Eles vêm porque é divertido construir — e construir rapidamente. Querem testar os limites. E sentem que, a menos que você dê aos consumidores algo para provar, não saberá como avançar com seu negócio. Um dos rapazes que acreditava fortemente nisso construiu um sistema que completava a função de chamada em conferência descrita no Capítulo 2. Você simplesmente marca uma chamada em sua agenda do Google e todos os telefones na lista são chamados e conectados na hora marcada. Ele demonstrou exatamente como funcionava para todos no domingo à noite.

A outra escola de pensamento diz que você precisa apenas terminar o final de semana com uma ideia bem desenvolvida. Simplesmente, coloque um site no ar oferecendo uma ideia para um novo produto ou serviço e pergunte às pessoas se elas gostariam de comprá-lo. Faça com que as pessoas se registrem e diga que as informará assim que estiver pronto. Então, você terá uma ideia sobre o que as pessoas querem e sequer terá de desperdiçar energia, tempo e dinheiro construindo. Isso é o que os teóricos da área de negócios chamam de *prova de conceito*.

Nós motivamos as pessoas a dar um passo a mais no Startup Weekend e construir o que é chamado de Produto Mínimo Viável (MVP). Em vez de simplesmente fazer um site que mostre às pessoas o que o produto fará uma vez construído, faça uma versão enxuta dele. Como um dos pioneiros dessa teoria, Eric Ries, explicou em uma entrevista à *Venture Hacks*: "A ideia do produto mínimo viável é útil porque você pode dizer essencialmente: Nossa visão é construir um produto que resolve este problema central para os clientes... Pensamos que... Os *early adopters** [deste] tipo de solução serão os mais compreensivos. E eles irão preencher as características que ainda não estão plenamente desenvolvidas em suas mentes se dermos as características fundamentais que apontam na direção que queremos ir".

Dan Rockwell, que já lançou diversas startups e participou de um Startup Weekend em Columbus, Ohio, oferece uma maneira resumida de pensar em produtos mínimos viáveis: devem ser produtos com valor mínimo, experiência desejada mínima, mínimo desembolso, mínima perda de tempo com bobagens para sobreviver — e o máximo de energia para queimar.

A empresa de Rockwel, *Big Kitty Labs*, produz uma coisa chamada *Protobakes*, que são "exemplos de código funcionais" de algo que se deseja fazer no nível de um MVP. Ele os enxerga como uma forma de facilitar a conversa entre você e sua equipe, assim como com seus clientes e investidores. Pensar no crescimento de um produto como um tipo de diálogo é entender quão rápida e agilmente o desenvolvimento está progredindo. Assim como as pessoas em uma conversa fluida, o modelo do produto pode mudar repentinamente. Isso se chama *pivotar.*

*(N.T.): Expressão já difundida no ambiente de negócios. Representa os usuários pioneiros de um determinado produto ou serviço, aqueles que querem estar à frente das tendências.

Falaremos mais sobre como obter esse feedback dos *early adopters* e algumas das outras metodologias que você verá em ação no Startup Weekend no próximo capítulo. Por enquanto, basta dizer que as equipes no Startup Weekend precisam descobrir o que podem alcançar com o tempo, os recursos es talento que possuem.

Aprender Fazendo

Quer os participantes do Startup Weekend transformem suas ideias em protótipos funcionais ao fim do evento ou não, eles sempre aprendem fazendo. O Startup Weekend oferece uma verdadeira experiência educacional. De fato, um egresso da *California Polytech* nos contou que esse era seu aspecto preferido do Startup Weekend. Como alguém que veio de um "ambiente de aprender fazendo", ele explica que gostou especialmente de como o Startup Weekend está não apenas mostrando às pessoas como liberar seu potencial empreendedor, mas "deixando-as experimentar de uma maneira que prova que realmente podem fazer seus sonhos acontecerem". Enquanto esse indivíduo havia assistido a diversas palestras na universidade nas quais empreendedores vinham para *falar* sobre suas experiências, ele disse que foi algo completamente diferente testar um novo negócio "ali mesmo".

> Oportunidades de educação experiencial podem ser encontradas em todas as áreas da vida. Desde aulas de culinária até aulas de pilotagem, aprender significa arregaçar as mangas e trabalhar!

Bo Fischback, cofundador do Zaarly, diz que tinha visto praticamente todas as ideias sobre como encorajar a formação de startups em seu antigo papel como Vice-Presidente de Empreendedorismo na *Kauffman Foundation*. Qualquer programa que procurasse apoiar o empreendedorismo inevitavelmente vinha à *Kauffman* em busca de apoio financeiro. Ele diz que é o componente de aprendizagem experiencial do Startup Weekend que o destaca em meio ao resto, chegando a chamar o Startup Weekend de "a mais poderosa força para o bem no planeta Terra".

Fischback, que deixou a *Kauffman* há pouco tempo para trabalhar em uma startup que surgiu em um Startup Weekend, explica o porquê de o nosso modelo ser distinto. Mesmo tendo um MBA de Harvard, Fishback acredita que aprendeu em seus dois anos em Harvard cerca de um terço do que aprendeu em um Startup Weekend sobre startups. Ele chama a educação experiencial de "o ingrediente mágico".

Falando historicamente, para obter essa educação experiencial, era preciso assumir um grande risco, apostar em muitas coisas e trabalhar em uma startup. Você precisaria sair de seu emprego para abrir uma empresa, ou fazê-lo em seu porão à noite, deixando sua esposa maluca. Agora, há uma convergência de forças para mudar essa realidade.

Não é que o Startup Weekend tenha feito isso sozinho. Elementos como a disponibilidade de tecnologia, Internet, ferramentas de desenvolvimento e as redes sociais contribuíram para o ambiente atual. O que o Startup Weekend acrescenta é o elemento prático que prende todas as outras coisas juntas.

Todavia, também houve uma mudança na perspectiva dos jovens de hoje, diz o professor da *Northwestern University*, Michael Marasco: "Estes são estudantes de famílias nas quais a mãe e o pai não tiveram um mesmo emprego a vida toda. Eles passaram por restruturações, ou foram demitidos por razões que fugiam ao seu controle — e, em muitos casos, isso teve um significativo impacto [financeiro e social] em suas famílias". Marasco acredita que essa situação encorajou seus estudantes a "tomar o controle de suas vidas", explorando o empreendedorismo.

Um participante do Startup Weekend em Baton Rouge, Louisiana, conta a estória de como teve uma revelação sobre o empreendedorismo mais tarde em sua vida: "Passei a vida toda trabalhando em burocracias, sem saber como me libertar. Mas o empreendedorismo sempre tocava minha alma, dizendo que havia algo melhor a aspirar; que há pessoas que lutam por mais... Que são motivadas por seus sucessos e são mais sábias por seus fracassos".

Mitigar Riscos

Fishback reconhece que há bastante caos nas 54 horas do Startup Weekend. Mas, em algum momento, "você começa a ter uma noção do que significa ser inteligente sobre a construção de uma empresa". A sociedade gosta de pensar nesses fundadores de startups como o Velho Oeste, aventureiros armados que saem e encontram um filão na hora certa, e, de repente, se tornam Bill Gates. Tende a haver um certo consenso sobre os empreendedores lendários — de como eles arriscaram tudo em uma ideia brilhante.

Contudo, Fishback acredita que esses tipos de histórias são "completas bobagens, na verdade". Dos milhares de empreendedores com quem trabalhou, a maioria parecia ser "pessoas que têm sucesso e não apenas sorte — [que] são de fato os grandes *mitigadores de risco*". O Startup Weekend não pretende ser uma ferramenta para amenizar o risco. Ele oferece aos empreendedores alguma visibilidade, exposição a pensamentos de escolas de negócios, diferentes tipos de seres humanos — todos os elementos essenciais que se pode "provar antes de comprar".

Os que se tornam empreendedores bem-sucedidos são frequentemente os que olham para esta grande nuvem de ambiguidade — e, então, dando um pequeno passo adiante e olhando ao redor, compreendem se podem eliminar um pouco da ambiguidade para, em seguida, dar mais um passo adiante. Esse é o processo de aprender em movimento, levando em consideração o feedback que se obtém dos clientes, do mercado, do ambiente — e planejar seu próximo passo de acordo.

É por isso que as apresentações no domingo à noite soam diferentes — por vezes, completamente — das apresentações na noite de sexta-feira. Algumas ideias mudam tão completamente porque os participantes devem submeter-se ao processo de descobrir aquilo que os clientes querem, e quais as reais necessidades existentes. Isto tudo é, de fato, parte daquela mitigação de risco. Contudo, a grande coisa a respeito do Startup Weekend é que você pode alcançar esse processo em 54 horas em vez de em 5 anos.

A blogosfera e os registros de sites de redes sociais mudaram profundamente a maneira como transmitimos informações. Nos dias de hoje, você tem à disposição a habilidade de testar ideias, alcançar comunidades distintas e falar com consumidores específicos. Uma das razões para a última bolha da Internet ter estourado é que as pessoas estavam assumindo riscos sem coletar, ou utilizar, o suficiente esse tipo de feedback. É claro que houve alguns grandes sucessos. Mas há empresas muito mais inteligentes sendo construídas no presente. É completamente possível pensar sozinho: "Ei, eu gostaria de experimentar uma ideia. Vamos ver se o mercado vai aprovar". E não será mais preciso esperar anos ou meses para descobrir se o plano funcionará; é uma questão de dias ou até mesmo horas. Prevemos que esse tipo de coleta de informações levará a uma explosão real de empreendedorismo.

Um veterano de startups nos contou que estava particularmente contente com o "feedback brutal" que obteve dos outros participantes do Startup Weekend: "[É] o tipo de feedback que o faz reexaminar tudo o que está fazendo, [e] o faz reiniciar e refazer tudo o que já foi feito diversas vezes".

Abrir a si mesmo e as suas ideias às críticas pode ser extremamente difícil. Você tem uma lista de pessoas nas quais pode confiar, que ofereçam críticas especializadas? A quem você pode recorrer para críticas construtivas?

A equipe que construiu o aplicativo de Internet-TV decidiu não fazer uma demonstração ao vivo do recurso de videochat quando apresentaram seu produto no domingo à noite. Eles concluíram que todos sabem que essa tecnologia existe. Sendo assim, decidiram concentrar-se em fazer o aplicativo (que mostrava a que os amigos do usuário estavam assistindo) funcionar, e, depois, apenas mostrar às pessoas em um slide onde o videochat apareceria na tela.

Delegar Tarefas

Uma vez que você determinar em equipe o que é possível fazer em um final de semana, é preciso delegar as tarefas entre os membros. Em alguns casos, ficará óbvio quem deve fazer o quê. Programadores irão programar. Pessoas especializadas em desenvolvimento de negócios irão pesquisar o que mais há no mercado e obter feedback de clientes. Designers irão provavelmente se integrar a diversos projetos diferentes. Mas, ao fim, recomendamos montar uma lista de tarefas distintas e expô-las em um lugar onde todos possam ver.

Algumas equipes usam o conceito de *scrumboard* para mostrar o que foi feito, o que está sendo feito agora e o que precisa ser feito. Uma vantagem dessa abordagem é que todos na equipe sabem em que pé estão as coisas. Isso significa que, se você quer começar a trabalhar em uma tarefa mas sente que não consegue começar até que alguém termine a sua, sabe com quem falar. Você mantém o fluxo de trabalho e não permite que sejam criados gargalos em nenhum lugar.

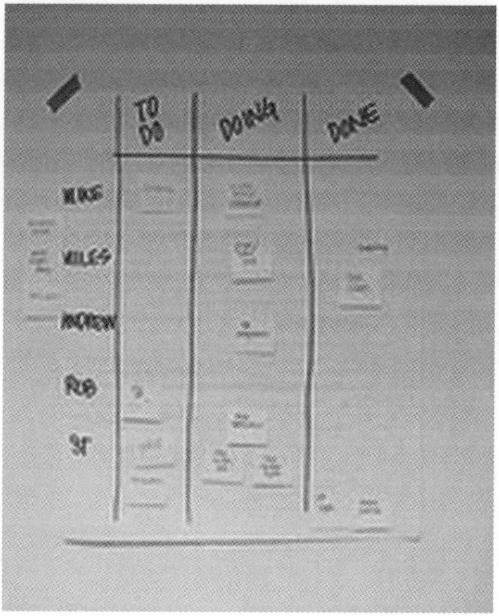

"Um *scrumboard* básico mostra o status das diferentes tarefas na linha de produção de uma equipe de uma vez só".

Outra ideia que recomendamos é uma *Matriz urgente-importante*: um diagrama de quatro quadrantes com um eixo intitulado *Importante* e o outro *Urgente*. Olhar para onde estão as tarefas nessa matriz torna imediatamente óbvio o que você deve fazer *neste instante*.

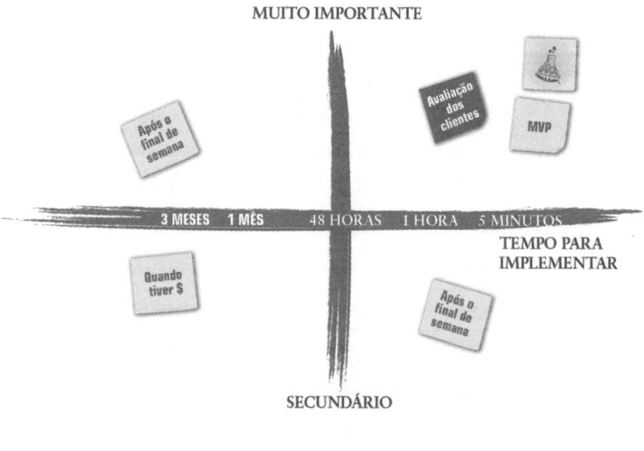

Esta é a ordem na qual se devem realizar tarefas:

1. Urgente e importante.
2. Importante, mas não urgente.
3. Urgente, mas não importante.
4. Nem urgente nem importante.

Quando se estabelecem prioridades como uma equipe, deve-se ter claro o que todos devem fazer individualmente. Dar a cada pessoa sua própria área de trabalho significa que cada um tomará posse de suas respectivas tarefas, e se sentirá habilitado para completá-las.

Nós também recomendamos que cada pessoa trabalhe em apenas uma tarefa por vez. Quanto mais pessoas distraídas por outras prioridades, menos eficazes elas serão. Todos deveriam ter de lidar com um projeto distinto, e este deveria estar alinhado com as prioridades gerais do grupo.

O líder de equipe não tem tempo de ficar microgerenciando a todos; e, de qualquer jeito, isso é perda de tempo. Se você reuniu pessoas competentes, deixe-as fazer seus trabalhos e as organize de forma que não tenham de pedir permissão para ir ao passo seguinte.

As pessoas estão sempre pensando nos prazos no Startup Weekend, e as 17 horas de domingo são sempre iminentes. Admitimos, tentamos encaixar muito trabalho em dois dias e meio. Contudo, isso ajuda a afirmar a visão que adotamos firmemente: que todo empreendedor deve estar sempre pensando em prazos. Você deve estabelecer constantemente objetivos de curto prazo — algo que você pode alcançar em poucas semanas. Quanto mais distante se estabelece o prazo, menos responsável você será. Então, seja realista quanto ao tempo necessário, mas também se desafie um pouco. Afinal, vivemos em um ambiente de negócios que se move rapidamente. Sentar sobre uma ideia por meses ou por um ano, enquanto se espera por longos espaços de tempo para trabalhar nela, vai garantir que seus concorrentes o passem.

Quando você está trabalhando no mundo real, recomendamos fazer contato com sua equipe diariamente, ou a cada poucos dias. No entanto, as pessoas devem fazer contato a cada poucas horas no Startup Weekend. Você não vai querer que os membros de sua equipe percam tempo indo na direção errada ou fiquem travados em um problema que outros podem ser capazes de ajudar a resolver.

Certamente, sempre há a possibilidade de discordância em assuntos que requeiram a opinião de todo o grupo. Se você já foi chamado para compor um juri, sabe quanto tempo pode levar até que um comitê tome decisões. Quando se reúne uma equipe de pessoas inteligentes, informadas e amistosas, é possível ficar sentado o dia todo discutindo que estratégias tomar. De fato, já vimos equipes passarem a noite de sexta-feira e todo o sábado falando sobre aquilo que funcionará ou não. Nosso conselho: não fique preso em debates extensivos. Estabeleça tempo para a discussão; fale sobre uma decisão importante por 20 minutos. Se não for tão crítica, dê 10 minutos e, depois, façam uma *votação Romana*: Todos apontam o polegar para cima ou para baixo. Então, não voltem atrás. Felizmente, seguir adiante em uma startup nem sempre requer a unanimidade como um júri. Veja o que diz a maioria — e siga em frente.

Reconhecer o Fracasso

Por que é tão importante para empreendedores mover-se *rapidamente*? O Startup Weekend impõe rigorosas limitações de tempo porque elas também existem no mundo real. As pessoas têm empregos formais, famílias, ou ambos. Elas não podem perder um tempo infinito com uma ideia. Você não vai querer que sua ideia esteja ultrapassada — ou seja realizada por outra pessoa — quando decidir fazer algo a respeito.

Não é necessariamente essa velocidade que igualará o sucesso; contudo, mover-se mais rapidamente permitirá a você ter sucesso mais rápido. Você precisa reconhecer quando está tendo sucesso e quando está fracassando. Isto é, quanto mais ideias experimentar como empreendedor — produtos diferentes, públicos, estratégias de capitalização, designs de sites, e assim por diante —, mais irá apreender. As pessoas falham múltiplas vezes a cada final de semana, e tudo bem.

Por exemplo, uma vez ouvimos uma apresentação na sexta à noite de algo chamado *Hoy Hoy*, um site que ajudaria as pessoas em países em desenvolvimento a utilizar um sistema de SMS (mensagens de texto) e transações eletrônicas para pagar umas às outras. Em áreas onde há poucos bancos e as pessoas não têm acesso a muita moeda de papel (ou é perigoso andar com muita), esse sistema daria às pessoas outra opção.

Até o momento em que falamos com eles no sábado à tarde, a ideia da equipe já havia passado por outras duas iterações. Primeiro, eles optaram por trabalhar em uma ideia de uma conta poupança para grupos. Por exemplo, digamos que você e seus colegas de quarto queiram economizar para comprar uma televisão ou fazer uma viagem. Esta seria uma forma de fazê-lo. Eles discutiram essa ideia por um tempo, tentando determinar como o dinheiro seria gerenciado. Uma pessoa controlaria o dinheiro e atuaria como um tipo de administrador, ou ficariam todos no controle de seu próprio dinheiro? E se alguém não estivesse cumprindo com a meta da poupança? Eles poderiam ficar inadimplentes um mês ou tomar dinheiro emprestado sobre o que já haviam aplicado? Não apareceriam muitas disputas sobre o dinheiro? A ideia parecia ficar mais complicada.

A versão seguinte do plano era de um site no qual as pessoas economizariam para uma viagem em grupo, contribuiriam igualmente, e poderiam apenas sacar seu próprio dinheiro. Entretanto, uma vez mais, a questão surgiu: Quem pagaria por esse serviço? Isso continuou a perseguir a equipe ao longo de todo o final de semana. No domingo, uma das mentoras que frequentemente participam do Startup Weekend apareceu e começou a ouvir a equipe, e imediatamente reconheceu uma estratégia de marketing de sucesso. Um amigo dela que dirige um site de viagens vivia reclamando que não tinha uma maneira de descobrir as intenções das pessoas quando vinham ao seu site. Estavam sonhando com uma lua de mel no Havaí com o marido que ainda não conheciam? Ou estavam planejando uma viagem para Denver na próxima semana e cotando opções diferentes?

Quando a mentora ouviu os planos dessa equipe, imediatamente percebeu o potencial. Um grupo de pessoas economizando para fazer uma viagem juntas e ativamente guardando dinheiro seria o público perfeito para sites de viagens. Ainda que algumas pessoas desistissem ou algumas viagens não acontecessem, pelo menos você teria uma boa ideia das suas intenções. Você poderia descobrir para onde elas gostariam de ir, quantos viajariam, quando planejavam partir, qual era seu orçamento — todos dados extremamente valorosos. Além de pesquisar com as pessoas no Startup Weekend se gostariam de usar um site assim para planejar uma viagem, os membros da equipe também ligaram para funcionários de empresas de viagem para perguntar se estariam interessados em anunciar os usuários do site, ou até mesmo associar o site com seus produtos.

Descobrir se há um mercado para seu produto é uma parte vital do Startup Weekend; é algo que chamamos de *validação da ideia*. Essa teoria de como começar um negócio está por aí há algum tempo. Décadas atrás, se chamava *bootstrapping*. Hoje em dia, é conhecida como desenvolvimento de um *ativo*, ou modelo de *desenvolvimento do cliente*. Falaremos mais sobre todos esses termos no próximo capítulo — porém, como quer que se chame, a coisa mais importante a se compreender sobre essa abordagem é que ela não é um plano de negócios tradicional.

Em vez de formar uma estratégia elaborada sobre como o produto completo será, quem serão os consumidores, e quanto dinheiro se projeta que vá render em três anos, recomendamos começar pequeno e trabalhar com a informação que se pode obter imediatamente. Por exemplo: quem vai querer esse produto amanhã? Sempre alertamos as pessoas em suas apresentações de domingo contra prever quantias absurdas de dinheiro em cinco anos. Curvas exponenciais não são permitidas! Normalmente, não há justificativas reais para suas expectativas, e os investidores não estão realmente interessados nessas projeções. Eles apenas desejam ver o problema, a solução, e como você irá, ao fim, encontrar e satisfazer seus clientes com seu produto.

Você consegue explicar a característica mais básica de sua ideia?

Lembre-se, básico não necessariamente significa simplista. Ideias básicas são fundamentalmente importantes e fornecem os fundamentos sobre os quais as características mais extravagantes são construídas.

Um bom lugar para começar é com seu círculo de amigos mais próximos. Ao longo do evento, você pode ver membros de equipes caminhando e perguntando a outras pessoas se podem dar suas opiniões sobre um produto. A equipe mencionada antes, que estava interessada em ajudar homens a comprar presentes para mulheres, perguntou a elas que tipos de presentes gostavam. Então, perguntaram aos homens que tipo de ajuda precisavam quando faziam compras para as mulheres de suas vidas.

É muito fácil também enviar pesquisas para grupos maiores atualmente. Tão simples quanto fazer algumas perguntas relevantes e postá-las em seu Facebook. A equipe do aplicativo de TV pela Internet perguntou às pessoas se elas gostariam de assistir à TV com seus amigos em lugares diferentes. Alguns grupos anunciam seus produtos online para usuários potenciais testarem, ou para encorajar as pessoas a se registrar quando ficar pronto para testes. É importante medir a febre do mercado o quanto antes.

Os Três Critérios Principais

No domingo pela manhã, os níveis de energia começam a cair. A tensão cresce em algumas equipes conforme os membros precisam tomar decisões difíceis para garantir que tenham uma apresentação razoável até as 17 horas. Se há um bom momento para o líder de equipe se afirmar, é este. Dave Angulo, participante do Startup Weekend em Boulder, diz que não compararia o papel do líder de equipe ao de um CEO, porém, mais ao de um gerente de projeto. Ele diz que o mais importante é "organizar as pessoas, compreender onde estão os obstáculos e certificar-se de que pode removê-los para que todos possam continuar a mover-se.

Chega a ser surpreendente como raramente vemos as equipes discutirem quanto a quem deve ser o líder de equipe. Normalmente, uma equipe por evento pode ter dois empreendedores *alfa* que desejam tomar a liderança, e, eventualmente, precisamos intervir. Mas, na maioria das vezes, todos querem apenas trabalhar duro. Muitos vêm de ambientes nos quais precisam lidar com muita burocracia e, então, não se encantam tanto com a ideia de organizar outras pessoas quanto com a criação de um produto real.

Ainda assim, é possível notar no domingo à noite as equipes que trabalharam bem juntas — quais líderes eram autoritários ou ficavam microgerenciando, e quais perderam um pouco o controle. Ao longo das centenas de eventos que fizemos, procuramos nos concentrar menos em quão brilhante está o palco no domingo à noite, e mais no que as pessoas alcançaram e como trabalharam como equipe. Como nos disse Dan Rockwell, do *Big Kitty Labs:* "O Startup Weekend é focado em ação. Eles se preocupam menos com os gráficos de barra de milhares de dólares potenciais e mais com outras questões como — você se deu bem com sua equipe?”. Se você não consegue encontrar um caminho para trabalhar bem em uma equipe, você pode ter uma ideia tão boa quanto o próximo Groupon, mas ela irá afundar porque você não consegue superar seu próprio ego.

Em cada Startup Weekend, nós procuramos reunir ao menos três jurados que sejam experientes no campo do empreendedorismo — sejam fundadores de startups ou investidores. Nós os pedimos para avaliar as apresentações de domingo utilizando três critérios essenciais:

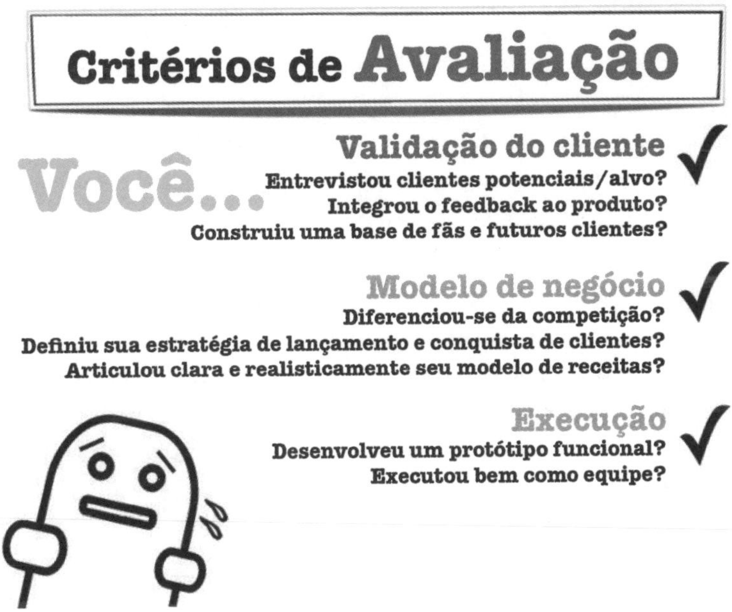

1. **Validação do Cliente:** Você entrevistou clientes potenciais ou clientes-alvo? Você integrou este feedback em seus produtos? Você construiu uma base de fãs e futuros clientes?

2. **Modelo de Negócio:** Você se diferenciou da competição? Você definiu sua estratégia de lançamento e conquista de clientes? Você articulou clara e realisticamente seu modelo de receitas?
3. **Execução:** Você desenvolveu um protótipo funcional? Você executou bem como equipe?

Discutiremos mais o primeiro no próximo capítulo sobre desenvolvimento de clientes e estratégias limpas/ágeis para lançar uma startup. Esperamos que as equipes mostrem evidências de que obtiveram informações de consumidores potenciais sobre o que querem.

Devemos dizer a respeito do segundo critério que não é preciso buscar todas as empresas com missões semelhantes e explicar a diferença. Pode haver várias. Por vezes, os jurados ou membros da plateia farão perguntas para assegurar-se de que você está ciente da existência de alguns de seus maiores concorrentes. Nesse momento, você pode mostrar que conhece o mercado. Você tem apenas cinco minutos durante a apresentação. (Em alguns Startup Weekend, as apresentações são até mais curtas devido ao número de equipes). Portanto, você deve utilizar o máximo de tempo possível falando de seu próprio produto.

Como já mencionamos, a execução dependerá muito do produto. Gostamos que os participantes tenham um protótipo funcional; contudo, sabemos que isso não é possível em todas as circunstâncias. Mas queremos chegar o mais próximo possível da experiência real que os usuários terão com seu produto. Imagens de sua página na web ajudarão, é claro. Mas, ainda, queremos que nos conduza pela *experiência* em sua apresentação.

Mesmo que os jurados estejam tentando decidir se vocês trabalharam bem como uma equipe, eles não querem ver todos os componentes fazendo a apresentação. Ver sete pessoas passarem o microfone para um lado e outro é desperdício de tempo e se parece muito com uma peça de teatro do colégio. Então, escolham uma ou duas pessoas com boa presença de palco para falar à plateia e aos jurados. Claro, você deve se certificar de que eles agradeçam ao resto da equipe em sua apresentação (algumas pessoas até acrescentam um slide em sua apresentação com fotos da equipe ou, pelo menos, todos os nomes). Quando os jurados fazem perguntas a que o apresentador não sabe responder, eles devem ver se alguém da equipe pode ajudar.

Agora que você conhece o critério de avaliação, considere quais perguntas você deve responder com sua apresentação. Abaixo, estão algumas perguntas que o Dan, do *Big Kitty Labs*, pergunta sobre todos os protótipos de sua equipe, que também são vitais para o Startup Weekend:

- O que é?
- Por que preciso disso?
- O que faz?
- Quem o utiliza?
- Como se ganha dinheiro com isso?
- Como agrega valor?
- Quem escreveria sobre ele?
- Como funciona?
- Com o que conta para funcionar?
- Como é (em termos de experiência)?
- De onde vêm os dados?
- Quais são as barreiras, as caixas pretas e as questões que você ainda não tem ideia de como responder?

Embora nossos jurados gostem de respostas precisas às suas perguntas, procure ser honesto se não souber algo. É realmente difícil lidar com todas essas perguntas em um final de semana. Demonstre ao menos que vocês têm, como uma equipe, capacidade e inclinação para descobrir. Queremos que você alcance tanto quanto possa em um final de semana (ou qualquer prazo), mas lembre-se de que a noite de domingo não precisa ser o fim do projeto. Em vez disso, aquelas 54 horas podem ser o começo de uma experiência muito maior.

4

O Modelo de Negócios da Startup

Adaptar, Manter Enxuto e Reiterar

DESDE O COMEÇO dos tempos, as pessoas têm iniciado negócios. Algum homem das cavernas, em algum lugar, inventou a roda, e, então, outro pensou: "Ei, isso vale alguma coisa. Aposto que posso conseguir algumas frutas ou um pedaço suculento de mamute em troca". E assim foi por milhares de anos, ainda que, somente em 1910, Harvard tenha oferecido seu primeiro curso de MBA. Mas isso não quer dizer que o MBA não acrescentou em nada. O mestrado em gestão de negócios foi o começo da formação de um corpo de conhecimento sobre exatamente isto: como gerenciar negócios.

As pessoas começaram a estudar formalmente uma variedade de matérias, inclusive marketing, contratações e finanças. Começaram a conhecer diferentes ferramentas e modelos para organizar os negócios com mais eficiência. Fizeram perguntas como: Quem deveria gerenciar essas empresas? Quanta informação devem ter os funcionários? Quanto de estoque deve ser mantido? Como manter seus clientes antigos felizes enquanto se conquista novos? Como adaptar-se a mudanças no mercado?

Essas eram e continuam sendo perguntas essenciais. Contudo, também são perguntas que os currículos de MBA historicamente dirigiu a negócios que já existiam. Não precisavam ser grandes corporações, porém, estar, de alguma, forma bem estabelecidas. Até 30 ou 40 anos atrás, não havia uma fórmula ou mesmo muitos conselhos práticos para pessoas começando novos negócios. Não havia muitos livros sobre o assunto. E essas lições não eram dadas em nenhum tipo de aula.

Empreendedores de sucesso eram considerados geniais ou sortudos — pessoas que se deparavam com a ideia certa na hora certa. Eles não tinham um diploma em especial ou qualquer forma de ensino formal. Eram questionadores que enxergavam o futuro, sabiam para onde iria o mercado, concluíam algo sobre tecnologia, comunicação ou política e se arriscavam. E, provavelmente, precisavam também ter alguns trocados — porque, até pouco tempo atrás, muito poucas pessoas achavam que investir no empreendimento de outras era um bom uso de seu próprio dinheiro.

No entanto, a segunda metade do século XX viu emergir o que hoje conhecemos como o Vale do Silício. Ele se tornou o lar de todo tipo de engenharia de eletrônicos, do rádio a televisão para os computadores, e agora para todo tipo de negócios *high-tech* que se possa imaginar. Essa área ainda tornou-se uma espécie de laboratório para startups. Como a tecnologia que estavam desenvolvendo lá era normalmente nova em folha, e muitos jovens estavam tentando estrear na área (muitos advindos das proximidades da Universidade de Stanford), a região se tornou um centro de atividade empreendedora. E as pessoas que vinham não necessariamente tinham MBAs ou treinamento em empresas maiores para esse fim; muitas eram iniciantes no entendimento de práticas tradicionais de negócios.

Steven Blank era um desses indivíduos que veio para o Vale do Silício no fim dos anos 1970 em meio a uma explosão dessa área, durante um tipo de Renascimento para startups. Olhando para o passado, ele diz: "Não é que as pessoas não estivessem fazendo startups quando inventaram a roda. É a combinação de tecnologia, empreendedorismo e capital de risco que fez surgir a 'era moderna do empreendedorismo'".

Blank chegou a lançar oito empresas diferentes de tecnologia, incluindo uma chamada *Epiphany* que desenvolvia softwares para gerenciar o relacionamento com clientes; duas empresas de semicondutores; uma firma de supercomputadores; uma fornecedora de sistemas de inteligência militares e uma empresa de videogames. Olhando para sua carreira, ele diz que sua pontuação final foi de "duas enormes crateras; uma goleada na bolha das *ponto-coms*, e alguns bons passes".

O que determina o sucesso ou o fracasso dessas empresas? Somente depois de ter deixado para trás a maior parte dessas coisas é que Blank começou a pensar sobre os padrões que as startups e seus líderes pareciam seguir. Talvez não fosse apenas a sorte que fazia com que os empreendedores fossem bem-sucedidos. E quem sabe nem todos eles fossem geniais.

Mas por que o sucesso para empreendedores parecia tão completamente imprevisível? A razão, diz Blank, é que todos estavam utilizando o modelo da escola de negócios. "Todos chegavam a uma conclusão fatalmente ruim: que startups eram simplesmente pequenas versões de empresas grandes". Porém, de acordo com Blank: "Uma vez que se conclui isso, todas as outras coisas ruins vêm atrás". Isso significa que indivíduos que as lançam gerenciam suas startups como modelos em miniatura de empresas grandes. Contudo, a diferença é realmente profunda: "Empresas grandes executam modelos de negócios conhecidos. Startups buscam modelos de negócios".

- Você está tendo problemas para dar início à sua ideia?
- Seu plano de ação é adequado às suas habilidades, aos seus recursos e às suas limitações?

Embora possa ser muito motivante ficar sonhando acordado sobre lucros astronômicos, certifique-se de manter os pés no chão, na realidade de sua situacão atual.

O que isso quer dizer? Em resumo, diz Blank: "Quando você executa, você tem tática. Tem processos. Tem planos de negócios.

Você contrata pessoas para executar, e qualquer falha é uma falha de competência. Mas, quando você está buscando, não há plano; de fato... O fracasso faz parte do processo". As pessoas ficam especialmente desconfortáveis com a parte do fracasso. Como se explica isso aos empregados? Como explicar aos clientes? Como você conta que está buscando um modelo de negócios? Não é uma frase que inspira confiança.

Depois de testemunhar problemas com suas e outras startups por anos, Blank comenta: "As mesmas questões aparecem repetidamente: estilos de gerenciamento de grandes empresas contra empreendedores querendo agir instintivamente; fundadores contra gestores profissionais; engenharia contra marketing; marketing contra vendas; problemas com prazos; setor de vendas fugindo do plano, ficando sem dinheiro, ou de que levantar mais dinheiro". Ele diz que "começou a ganhar uma percepção sobre como investidores de risco internacionais desenvolvem um reconhecimento de padrões para esses tipos de problemas. 'Ah sim, a empresa X, eles têm o problema 343. Aqui estão as seis maneiras prováveis de resolver isto, com estas probabilidades'.

Bom, quem sabe não seja *tão* exato. Blank conversou com alguns de seus amigos no ramo de investimento de risco, os quais reconheceram ter percebido esses problemas ao longo dos anos. Eles haviam desenvolvido um ótimo senso de quais empresas teriam sucesso e quais fracassariam baseados nesses padrões. "Mas por que não nos contaram?", Blank perguntou em tom de brincadeira. "Não é nossa tarefa", eles riram. E é verdade, diz Blank agora; empresas de capital de risco não têm o hábito de ensinar empreendedores como fazer seu trabalho. Ainda assim, ele pensou, *alguém* deveria. Blank foi um dos pioneiros desse novo currículo, e vamos às importantes ideias que ele desenvolveu em um momento.

Queremos que nossos participantes do Startup Weekend compreendam os padrões presentes em startups bem-sucedidas. Queremos que percebam que o sucesso não é inteiramente baseado em sorte e que você não precisa ser um vidente ou gênio para arriscar empreender. Neste capítulo, gostaríamos de explicar algo sobre esses padrões e falar sobre algumas metodologias criadas para assegurar que os empreendedores atuais possam evitar algumas das armadilhas que derrubaram seus antecessores.

Não queremos que você veja o empreendedorismo como algo que se experimenta uma vez, e, depois, decide que é algo muito arriscado. Também queremos remover um pouco do risco para você, e parte disso é oferecer aos participantes uma ideia das técnicas de empreendedorismo mais efetivas. Há diversos livros, artigos e blogs escritos sobre as ideias que mencionamos neste capítulo. E incluímos uma lista de referência para futuras leituras ao final deste livro. Todavia, se você estiver em um Startup Weekend ou tentando começar um negócio pela primeira vez — e rapidamente —, este capítulo oferece uma cartilha para tais ideias. Se já está familiarizado com essas metodologias, então o Startup Weekend será uma grande oportunidade para experimentar algumas delas e ver quais funcionam para você.

A equipe do Startup Weekend acredita fortemente que negócios florescem ou morrem graças ao seu *modelo* de negócios — seu plano de negócios. Modelos tradicionais de negócios enfatizam a geração de receita e fluxo de caixa. Tendências de negócios de ponta, entretanto — como os dominados por Steve Blank e alguns dos outros líderes de escolas de pensamento mencionados neste capítulo —, incitam os fundadores a se concentrar na qualidade de suas ideias e de seus produtos; e os encorajam a fazer isso, não pelas lentes da lucratividade, mas concentrando-se na visão geral, modelagem e na equipe. É por isso que desencorajamos as pessoas a apresentar curvas de crescimento exorbitante para suas receitas ao final de suas apresentações. Estamos muito mais interessados na equipe, na visão geral e em quem comprou a ideia.

A Revolução do Desenvolvimento de Clientes

Steve Blank desenvolveu sua teoria do *desenvolvimento de clientes* em resposta aos padrões que viu nos sucessos e nos fracassos de startups. Ele começou a explicar as chaves dessa ideia em suas aulas nas universidades de Berkeley e Stanford. A primeira e mais importante: Saia do escritório. Converse com os clientes. Não leve as coisas adiante e não passe muito tempo desenvolvendo qualquer produto até que você *saiba o que querem os clientes.*

Blank diz que um dos maiores erros cometidos por empresas startups é confundir a visão e a paixão de seu fundador (O que ele diz ser basicamente uma "empresa baseada na fé, no primeiro dia") com fatos reais e concretos. As pessoas que concordam em trabalhar em uma startup creem que o fundador, de alguma forma, compreende implicitamente os problemas e as necessidades dos clientes. Elas se integram ao trabalho em uma startup porque têm uma certa fé no conceito subjacente do negócio. Como já discutimos, a equipe e o líder são os elementos que devem fazer as pessoas quererem participar — não a ideia. Lembre-se de que ideias custam 1 centavo a dúzia. Nenhum fundador, não importa quão esperto seja, consegue ler as mentes dos clientes. E, se as pessoas confundem sua confiança no fundador com a confiança na ideia, cometem o próximo erro fatal. Elas simplesmente assumem a visão do fundador como valor nominal e concluem, como diz Blank: "Agora basta começar a construir o produto à minha maneira, e, quando terminar, vou lançar, enviar, e o dinheiro virá".

> Você é um visionário ou uma abelha trabalhadora? Um bom líder precisa ser ambos — e inspirar os outros a ser ambos também.

O desenvolvimento de clientes, essencialmente, afirma que isso não vai funcionar a não ser que você tenha sorte aleatoriamente, ou seja, de alguma forma, *O* ou *A* especialista em uma área em especial. E a probabilidade de que você realmente conheça os problemas e as necessidades reais dos clientes no primeiro dia de trabalho é extremamente baixa. Então, diz Blank: "Por que não estabelecemos um processo que elimina o desperdício e faz o aprendizado e a descoberta partes integrais do que se faz desde os primeiros passos?".

No Capítulo 3, nós discutimos algumas sugestões para levantar o que as pessoas querem em um produto. No Startup Weekend, as pessoas fazem rápidas pesquisas eletrônicas ou caminham pela sala; porém, também as encorajamos a literalmente *sair do escritório*. É fácil no Startup Weekend ou em qualquer outro ambiente de startup ficar tão apegado à sua mesa que você jamais obtém novas informações, e o feedback que se obtém de amigos e família será naturalmente distorcido. (Ainda que sua mãe seja bastante crítica, ela normalmente está do seu lado, certo?). Então, não dependa apenas das opiniões daqueles em seu círculo mais próximo. Entreviste pessoas que você não conhece e descubra o que querem. Vá a uma cafeteria ou a um salão de beleza — algum lugar onde as pessoas tenham algum tempo disponível. Ou fique parado na esquina. Em algum momento, alguém irá parar para conversar.

A maioria de nós morre de medo de ligar para desconhecidos ou puxar conversas com estranhos. Pensamos que os negócios já superaram isso; que vendedores de porta em porta são uma relíquia do passado, certo? Mas, para descobrir o que os consumidores querem, há muito o que ouvir das pessoas que não o conhecem nem um pouco. O interessante é que estranhos são, por vezes, excessivamente legais. Eles não querem dizer na sua cara que sua ideia é horrível. Uma maneira de contornar isso é sugerir que a ideia é de outra pessoa. "Meu colega Jorge tem uma ideia interessante para um...".

Uma vez que você encontre pessoas dispostas a falar com você, o truque é fazer as perguntas certas. O participante do Startup Weekend, Nick Martin, abriu uma empresa chamada *Plane.ly*, um site que permite conhecer pessoas com interesses semelhantes quando se está em um avião. A certa altura, ele se lembra de ter falado com empresários sobre suas necessidades. Assinalava para eles os três problemas que achava que as empresas teriam e os pedia para colocá-los em ordem. Em retrospecto, ele acha que estava "conduzindo a testemunha" um pouco. Por que não oferecer mais opções e, então, perguntar aos seus clientes em potencial para acrescentar à lista de problemas? As conversas de desenvolvimento de clientes não devem ser interrogatórios; devem ser diálogos. Quanto mais abertas as perguntas que você fizer, mais informação útil irá receber. É a diferença, como sabem quaisquer pais, entre perguntar a uma criança: "Você se divertiu na escola hoje?" e "O que você fez no recreio?".

Nathan Bashaw, fundador do *Thougthback.com* e palestrante convidado em um Startup Weekend em Lansing, Michigan, escreveu este conselho sobre entrevistas em seu blog. Vale a pena ler:

> Você já percebeu como as melhores conversas tendem a tomar rumos diferentes do tópico inicial, e caminhar em direção a interessantes territórios inexplorados? Quando estiver falando com clientes em potencial, faça de tudo para deixar este tipo de discussões estimulantes surgirem. Não os interrompa quando estiverem inclinando-se na cadeira, com os olhos bem abertos, adrenalina subindo, prestando muita atenção à conversa. Eu costumava ter uma abordagem rígida e formal nas entrevistas de desenvolvimento de clientes até perceber que nunca obtive muitas boas ideias ou feedback dessas conversas. Meu roteiro de perguntas deixava as pessoas desconfortáveis, e eles não estavam dispostos a revelar o que *realmente* pensavam. Agora, não vejo essas entrevistas como nada mais do que uma oportunidade de construir um relacionamento e aprender com uma pessoa interessante. Pergunto sobre suas histórias, como começaram a fazer aquilo que estão fazendo, o que têm lido ultima-

mente, como se veem em cinco anos. Isso me dá uma compreensão holística de que nenhuma pesquisa jamais será capaz de reproduzir, porque requer uma conexão humana genuína para que as pessoas se sintam confortáveis em se abrir.

> Tire o máximo do feedback de clientes potenciais. Faça perguntas que não possam ser respondidas com um simples "sim" ou "não".
>
> Em vez de perguntar a alguém: "Você gosta do benefício/característica X?", pergunte: "O que é mais interessante no benefício/característica X para você? Por quê?".

O motivo para sair e conversar com pessoas que você não conhece já nos passos iniciais é para confirmar que há uma real *necessidade* para o produto que quer criar. Isso é chamado de validação de ideia. Ainda que provavelmente não seja possível em um Startup Weekend colocar todo o projeto na espera enquanto você valida ideias, seria útil que alguém na equipe pelo menos tentasse. (Lembre-se de que você já tem alguma validação da ideia se outras pessoas decidiram se juntar à equipe. *Alguém* acha que é uma boa ideia).

A meta da validação da ideia não é vender às pessoas um produto; é explorar o mercado de forma a ganhar conhecimento, não dinheiro. Não se ofenda com as pessoas que não gostam da sua ideia. Considere conhecimento obtido. Agora você já sabe em que direção *não* levar seu produto. Você pode ficar grato de não ter investido nada mais que algum tempo e energia no projeto neste momento. Você ainda não criou nada. E obter feedback agora costuma ser mais fácil para as pessoas. Pense nisso da seguinte forma:

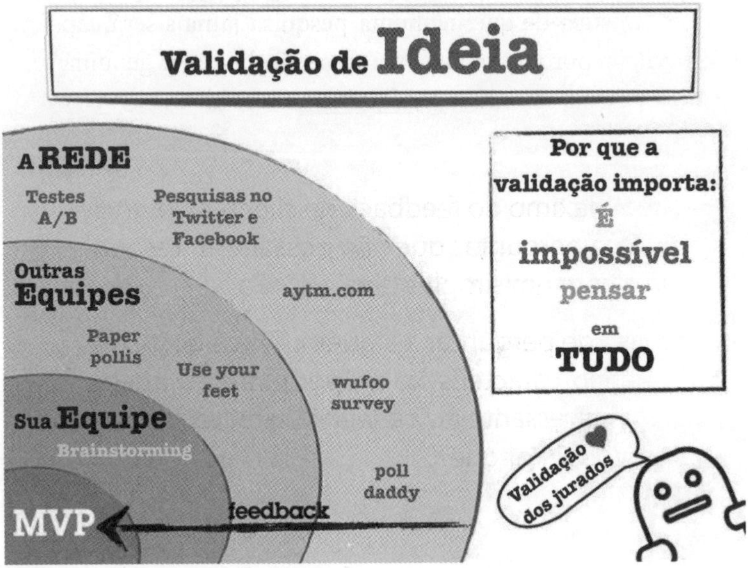

Se você se levantasse hoje pela manhã e vestisse uma calça e uma camiseta qualquer, mal penteando os cabelos, provavelmente não daria bola se alguém fizesse um comentário maldoso sobre sua aparência. (Não me esforcei muito para me deixar apresentável, então não me surpreendo). Mas, se você cortasse os cabelos, comprasse roupas novas, se produzisse, e alguém não gostasse de sua aparência, ficaria mais chateado. (Gastei todo esse tempo e dinheiro e ainda não gostaram de minha aparência). Embora esse conhecimento ainda não traga receitas volumosas para sua empresa, é vital para o seu sucesso mais adiante.

Uma vez que tenha criado seu mínimo produto viável, pode rever esses métodos de obter feedback de consumidores potenciais para ver se gostam de seu produto. Lembre-se do básico: pergunte a pessoas que não conhece, e faça perguntas abertas sobre o produto. Não se ofenda com os resultados. Apenas volte e veja se pode incorporar o feedback que obteve na próxima versão do produto. Tente formular hipóteses específicas sobre seu produto. Quem vai se interessar? Quantos visitantes espera ter em seu site? É importante ser específico para saber quão bem está medindo seu mercado.

Lembra-se daquela velha regra do cliente sempre ter razão? Bom, há muito disso. Donos de restaurantes e pessoas na indústria de serviços são lembrados desse conceito diariamente. Não importa se o sujeito disse que queria seu café preto e você o entregou assim. Agora ele diz que quer com açúcar. Não argumente, apenas dê-lhe o açúcar. E sorria. Ou ele não voltará amanhã e dirá a seus amigos para fazer o mesmo. Contudo, quando você começa a fazer coisas que está vendendo aos consumidores que não estão à sua frente, a máxima de que *o cliente tem sempre razão* normalmente se perde no caminho. Uma vez que muitas das pessoas a lançar startups têm origem nas engenharias, elas eram completamente alheias à experiência com o consumidor. As ideias do desenvolvimento de clientes representam uma revelação para muitas delas.

Muitos livros de negócios por aí (para empreendedores e qualquer outra pessoa) enfatizam a *persistência*. A ideia é a de que você deva continuar tentando com seu produto, e falar a respeito dele de maneiras diferentes. Siga trabalhando no porão e um dia todo esse trabalho duro irá recompensá-lo. A conclusão, porém, é que talvez não recompense. E, se você falar com seus clientes logo, e com frequência, você descobrirá rapidamente e se permitirá investir em uma ideia que, de fato, funcione.

Tornar-se Enxuto, Permanecer Ágil, Preparar para Pivotar

Tão fundamental quanto Steve Blank foi para o que se mostrou uma revolução do empreendedorismo, ele diz que sua teoria de desenvolvimento do consumidor é, na realidade, apenas uma parte do novo 'currículo' para empreendedores. Da mesma forma, como as startups devem pensar sobre seus modelos de negócios e planejamentos de marketing de maneiras diferentes, elas também devem pensar sobre a operação da organização e como contratar de maneira diferente. Nos anos seguintes à publicação das notas de aula de Blank, no formato de um livro chamado *Four Steps to the Epiphany*, outros começaram a explorar e explicar estes outros pedaços do quebra-cabeças empreendedor.

Algumas vezes, desenvolveram teorias e modelos do zero. Outras vezes, reposicionaram teorias de negócios de empresas grandes e bem estabelecidas. A Toyota, por exemplo, havia começado a utilizar, na década de 1950, algo chamado Sistema de Produção *Enxuta* para fazer carros de maneira mais eficiente. A ideia por trás dele era de simplesmente gerar menos sobras e desperdício. As empresas que operam dentro de uma abordagem de produção enxuta buscam reduzir as sobras e aumentar o fluxo de produção.

Quando se imagina uma linha de montagem, normalmente visualiza-se o processamento de um grande número de coisas. Mas a produção enxuta processa um número reduzido de itens por vez. Tudo o que está aguardando para ser produzido é estoque, e o desejado é o mínimo de estoque possível. Por exemplo, alguém pode levar pouco tempo para fazer a porta de um carro, e muito tempo para instalá-la. Jermy Lightsmith, um veterano de startups que oferece consultoria em estratégias enxutas para grandes empresas, explica da seguinte forma: "Se você produzir, produzir, produzir, e o que demora muito tempo é colocar a porta, então, você tem uma porção de portas que agora precisa estocar. E, se houve um erro na segunda porta, agora você tem uma centena de portas com o mesmo defeito".

Essa ideia pode ser ainda mais importante para as novas pequenas empresas do que para as grandes e bem estabelecidas. Pequenos negócios não têm a força de trabalho extra ou o capital, portanto, manter um estoque mínimo é vital — e não apenas na linha de produção. Isso também é crítico quando se desenvolve um produto. É por isso que empreendedores devem criar apenas um produto mínimo viável e, então, testá-lo imediatamente com consumidores em potencial. Você não quer criar uma porção de uma coisa, a menos que saiba que os consumidores ficarão felizes com ela. Essa abordagem o permite assumir riscos menores.

Desenvolvedores de software atentaram para esse problema nos anos 1990, e começaram a trabalhar em uma metodologia que agora é chamada de Desenvolvimento *Ágil*. Desenvolvedores ágeis utilizam uma série de histórias para fazer seus produtos. Cada uma delas leva a uma iteração do produto. Por exemplo, digamos que você esteja utilizando um site e queira fazer *logout* para que a pessoa que utilizar o computador depois de você não possa acessar os dados do seu cartão de crédito. Isso requer uma certa funcionalidade do site. Resolver esse problema é uma tarefa distinta que pode ser realizada em certo tempo por um indivíduo ou por um grupo; isso é uma história. O tempo alocado para realizar essa tarefa pode ser chamado de *sprint*. Assim, podemos pensar no lançamento de um novo negócio como uma série de *sprintes*.

Ao longo do tempo, *ágil* se tornou um tipo de abreviação para um certo método de gerenciamento de projeto. No ambiente dos softwares, em que o termo é mais usado nos dias de hoje, 'ágil' chega a incluir as maneiras como as pessoas escrevem códigos e fazem seus designs. A ênfase é colocada em fazê-los simples, de forma que qualquer um na equipe possa compreendê-los, e, assim, possam ser mudados mais adiante sem precisar jogar tudo fora.

Há uma variedade de ferramentas disponíveis para empreendedores utilizarem métodos ágeis em seu trabalho. Um deles é chamado *scrum*, advindo de um termo que define um 'bolo de pessoas' no esporte *Rugby*. Novos empreendedores e participantes do Startup Weekend não precisam compreender todos os conceitos por trás do scrum; contudo, procuramos ajudar os participantes do Startup Weekend a selecionar algumas ferramentas que podem achar úteis durante as 54 horas que estão conosco.

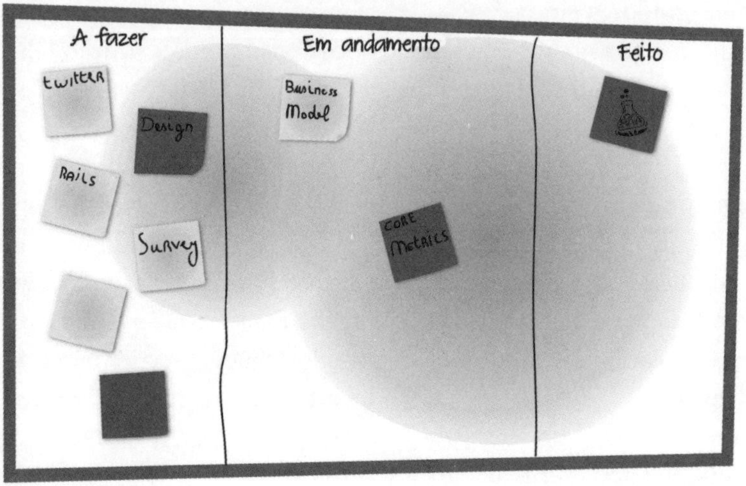

O fundador do *Plane.ly*, Nick Martin, tinha alguma experiência de trabalho com um modelo de gerenciamento de projeto chamado de *método cascata*. Isso ocorre quando você especifica uma porção de funcionalidades que se deseja que um site seja capaz de fazer inicialmente. Basicamente, você coloca nele todo o possível; então, a especificação é transmitida de quem a desenhou para quem vai construir. Eles a constroem por um certo tempo até que é terminada. Em seguida, há uma outra equipe que, normalmente, assume os testes. Uma vez testado e encerrado, vai para produção e é lançado.

Martin diz que logo se frustrou com esse modelo, e explica: "O problema com a metodologia cascata é que, enquanto uma especificação é desenvolvida e testada, os designers costumam ter ótimas ideias novas que gostariam de colocar na composição". Então, ou você diz aos designers que não podem integrar suas novas ideias porque é tarde demais, ou eles incorporam suas ideias, e o resto da equipe não está pronto para elas. Essas ideias passam pelas fases de desenvolvimento e testes. E, então, as diferentes equipes irão dar voltas. Martin diz: "A menos que você seja muito disciplinado, vai acabar em uma situação em que nada é lançado jamais".

Nick se lembra de um empreendedor particularmente difícil que encontrou quando trabalhava em uma startup na Austrália. "Tínhamos um gerente de produto incrivelmente inspirado que era meio que responsável pelo design do produto e por todas as características que incorporávamos. Seu cérebro nunca parava, e ele sempre tinha novas ideias." Enquanto, a princípio, isso soa como uma coisa boa, relembra Nick: "Eu era o gerente de testes naquele cenário, então, testava as especificações que ele escrevia, mas, quando eu chegava a algum desenvolvimento, ele já havia escrito outras".

Utilizar outras técnicas de gestão de projetos pode ajudar uma equipe a evitar esse tipo de frustração. O *scrum board*, sobre o qual falamos no último capítulo, é uma ferramenta que achamos muito eficaz para evitar esse tipo de voltas e discussões internas. É uma forma de organizar o trabalho por tipo e estágio no processo. Pode, por exemplo, ser uma tarefa de marketing que vai de "a fazer" para "em andamento" para "feito". É uma forma de visualizar onde cada um está no processo. Significa que você só precisa olhar por um momento para saber onde estão seus colegas e no que estão trabalhando naquele momento. Em outras palavras, você não precisa ficar interrompendo para perguntar.

Quando os *sprints* estão feitos, um produto pode ser lançado. O mantra mais importante por trás dessas metodologias é o *lance cedo, lance com frequência*. Não fique chocando suas ideias ou seus produtos por muito tempo. Deixe os consumidores darem uma olhada nelas, dê seu feedback, e, desse modo, mude o produto para adaptá-lo às suas necessidades.

O Startup Weekend também demonstra facilmente a utilidade de algumas dessas ferramentas. Se você se voluntariar para fazer uma tarefa para sua equipe, você deve fazê-la. Todos sabem exatamente a tarefa sobre a qual são responsáveis. Jim Benson, que dá consultoria em produção enxuta para empresas grandes como a *Comcast*, explica o que gosta no Startup Weekend: "Você entra em um sistema igualitário bastante respeitoso. Você aceita que, quando seus colegas de equipe se sentam em uma mesa e dizem: 'posso fazer isso,' eles realmente podem. E a frequência com que se confere o trabalho um do outro é tão grande que você sabe imediatamente se alguém poderá ou não entregar o que dizem".

Benson diz: "As pessoas devem ser [completamente] honestas sobre suas capacidades, porque não há tempo para disfarçar". Por exemplo, diz ele: "Se você disser: 'Vou cozinhar um frango para você agora', e, então, você não souber cozinhar frango, as pessoas logo notarão quando você pegar o frango cru e colocar no micro-ondas".

Comunicação é Essencial

O brainstorm inicial necessário para construir um *scrum board*, ou qualquer gráfico similar, também encoraja toda a equipe a se assegurar de que suas ideias sejam ouvidas. Normalmente, uma ou duas pessoas tendem a dominar a conversa em grandes grupos que estão pressionados pelo tempo. Esses indivíduos podem ser espertos ou simplesmente gostar demais dos sons das próprias vozes; entretanto, eles tendem a intimidar seus colegas e a deixar outros relutantes em participar. Estamos plenamente confiantes de que praticamente todos os que vêm a um Startup Weekend têm algo a contribuir com a equipe. É importante ouvir a todos, particularmente no começo do processo.

Jeremy Lightsmith diz que alguns dos maiores problemas que vê em startups são aqueles que envolvem comunicação. Em resumo, alguém que não está sendo ouvido; ou há duplicidade em projetos; ou uma parte da equipe não passou adiante uma parte vital da informação.

Um veterano de startups nos disse que lideraria a equipe se sua ideia estivesse em discussão, porém de uma maneira em particular: "A maneira como trabalho atualmente é ministrando workshops com grandes folhas de papel marrom na parede. Então, eu dou a cada pessoa um bloco de *post-its*". O líder de equipe estabelece o problema e pergunta a todos no grupo como eles poderiam resolvê-lo. Ele diz: "Não será minha ideia; será a ideia de todos. Ao final, serei responsável pelos resultados, mas eles virão de todos".

Essa abordagem também tem outros benefícios. Primeiro, estabelece os critérios para que o grupo trabalhe. Todos podem sentir-se confortáveis em compartilhar ideias ao longo do final de semana. Além disso, as pessoas ficam com essas ideias na cabeça. Ainda que a equipe não tenha tempo para alcançar todas as ideias em um final de semana, apenas as apresentando é que as pessoas poderão selecioná-las e ter a possibilidade de voltar a elas mais tarde.

As técnicas que encorajamos as pessoas a aplicar no Startup Weekend também podem torná-las líderes mais eficientes. Em um métodos tradicional de gestão de projetos, tudo é planejado com antecedência, e qualquer mudança pelo caminho parece vir de cima. No entanto, conduzir um desenvolvimento de clientes extensivo e posteriormente lançar apenas o produto mínimo viável permite aos fundadores de startups eliminar um pouco da frustração que seus colegas sentirão no processo. Haverá mais sugestões de toda a equipe no início do processo. Então, quaisquer mudanças que ocorram serão baseadas em novas evidências reunidas — não algum lampejo de inspiração que tenha atingido o líder enquanto todos os outros estavam fazendo seus trabalhos. A maneira aparentemente arbitrária com a qual alguns líderes de equipe mudam de ideia pode levar a grandes frustrações por parte de seus colegas.

Você consegue pensar em outros aspectos de sua vida em que seja necessário obter adesão coletiva?

Quando se tenta ganhar o consenso de um grupo, pratique solicitar feedback enquanto mantém o controle do debate e ao final decidir por um plano de ação.

Um veterano de startups ilustra esse ponto ao discutir a diferença entre o Capitão Kirk, de Jornada nas Estrelas, e Jean Luc Picar, de *Jornada nas Estrelas: A Nova Geração*. Ele diz:

> Kirk era o tipo de herói aventureiro que, se houvesse um plano para surrar alguns alienígenas, ele seria o líder da equipe desde o começo, e seria o primeiro a dizer: 'Scotty, me teletransporte'. Picard, por outro lado, ficava sempre por trás em sua nave, deixando seus homens ter as ideias e ficava com toda a glória. Ele apenas se recostava na cadeira, pedia ideias e escolhia a melhor delas.

Em outras palavras, os melhores líderes são os que inspiram aptidão e capacidade em suas equipes.

Combinar o ritmo do Startup Weekend com um dos métodos ágeis de dividir tarefas torna tudo mais transparente. E isso pode trazer excelentes benefícios a startups.

Mantenha o Básico

Nick Martin já tinha lido bastante sobre abordagens ágeis e enxutas em negócios antes de vir ao Startup Weekend. Ele diz: "Eu estava louco para testar e me envolver. Todo o conceito de simplesmente conquistar clientes dispostos a pagar por seu produto antes de chegar ao ponto de sequer desenvolvê-lo [fazia completo sentido]. É uma ideia inacreditavelmente atrativa para qualquer um comandando um negócio.

Metodologias enxutas ou ágeis levam os fundadores a investir em ficar pequenos, simplificar as operações, incorporar o feedback dos consumidores e pivotar frequentemente. A ideia é ouvir os clientes, adaptar-se rapidamente e permanecer leal às suas competências centrais. Enquanto muitas teorias enxutas/ágeis são ideais para empresas jovens que ainda estão nos estágios flexíveis e, de certa forma ambíguos, de penetração no mercado ou crescimento inicial, faz sentido apresentá-las em eventos como o Startup Weekend.

De alguma forma, as equipes e ideias do Startup Weekend são pré-enxuto/ágil. As ideias foram apresentadas (ou sonhadas) há poucas horas, e os membros das equipes não se conheciam quando chegaram ao evento. Pode ser um tanto prematuro esperar que haja aderência às práticas enxutas quando ainda se está tentando explicar o que *é* o seu produto ou serviço. Mas as metodologias enxutas/ágeis ainda têm muito a oferecer a empreendimentos criados há poucas horas. Os princípios de simplificar as operações, organizar os projetos por ciclo de vida e em tarefas, em vez de competências, incorporar o feedback dos clientes, além de pivotar cedo e frequentemente são extremamente relevantes.

No Startup Weekend, queremos que as pessoas vejam o desenvolvimento de startups como um ciclo. Tenha uma ideia, pergunte às pessoas a respeito, lance um produto mínimo viável, peça às pessoas que testem, revise o produto, peça que testem novamente. Esse processo de refinar permite a você corrigir falhas pelo caminho rapidamente. Se os participantes do Startup Weekend começarem a utilizar esses processos cedo, aprenderão a integrá-los em todos os seus empreendimentos.

De maneira interessante, uma das áreas em que as pessoas 'pivoteam' com mais frequência é na da monetização. Embora a questão da origem do dinheiro seja a chave de toda a empresa no plano de negócios tradicional, deve haver uma mentalidade diferente em startups. Por exemplo, enquanto indivíduos podem não estar dispostos a pagar por um site que permita economizar em viagens em grupo, as empresas de viagem estarão interessadas em atingir esse público. Talvez você tenha uma ótima ferramenta de busca, mas não são as pessoas utilizando o Google que pagarão por ela; são as empresas que querem que seus anúncios apareçam com as buscas.

Nick Martin não estava certo se indivíduos estariam dispostos a pagar por um serviço que os permitissem conhecer outras pessoas em aeroportos. Embora tenha o site no ar há meses, sua equipe ainda está trabalhando na questão de quem pagará por seu serviço. Recentemente, Martin começou a considerar o fato de que corporações multinacionais podem ser seus clientes--chave. Um de seus usuários perguntou sobre essa possibilidade. Ele diz: "Eu os contatei e fizemos uma entrevista para entender quais eram seus problemas. Agora estou repetindo o processo com tantas multinacionais quantas eu puder".

Nick vem usando essas ideias enxutas/ágeis desde que lançou sua empresa. É difícil começar a tais estas ideias quando se está no meio de lançar um negócio, particularmente um que já tenha recebido algum investimento. Investidores esperam um produto com certas características em um certo tempo, além de algum retorno. Se você rabisca todo o plano e decide voltar aos consumidores no meio do processo, seus *stakeholders* podem ficar chateados.

Esse é precisamente o motivo pelo qual o Startup Weekend é o local perfeito para testar algumas dessas coisas. Seu time está dividido com relação a uma funcionalidade possível? Você não faz a menor ideia do que está fazendo o designer gráfico ao seu lado e como isso se relaciona à sua tarefa? Você se sente pressionado pelo grande número de coisas que devem ser realizada? Em todas essas situações — situações que todas as equipes no Startup Weekend encaram pelo menos uma vez no final de semana —, metodologias enxutas/ágeis podem ajudar na tomada de decisão, no desenvolvimento de produto ou serviço, e no gerenciamento de tarefas. Adotar essas ferramentas e metodologias não aumenta o resultado durante as 54 horas de atividade frenética, mas melhora a qualidade do resultado. E isso pode significar um mundo de diferença em um corpo de jurados tentando determinar a futura viabilidade de sua startup.

Você também pode adotar ferramentas de trabalho enxuto/ágil em sua vida diária. Na próxima vez em que estiver fazendo um trabalho para a universidade ou organizando o figurino para a peça de teatro de sua filha, crie um *scrum board* para visualizar o progresso do projeto e ficar em cima de cada tarefa.

Colocamos muita ênfase nos limites de tempo do Startup Weekend; eles são obviamente uma característica saliente. No entanto, pode ser útil tomar algum tempo para organizar sua equipe em vez de dividir-se logo no projeto. Pode parecer que se está perdendo minutos preciosos quando se faz isso, mas irá realmente ajudar em longo prazo (nas próximas vinte e quatro horas) quando se está sob pressão. Você pode estabelecer esse processo enquanto as coisas estão relativamente calmas, e, portanto, contar com ele para conduzir as coisas quando elas começarem a ficar enlouquecedoras.

As Peças que Faltam no Currículo do Empreendedor

Não é apenas pula maneira como se desenvolve um produto que as startups se diferenciam de grandes e bem estabelecidas empresas. É também pula presença de capital de risco. O dinheiro que as startups precisam não vem de um empréstimo de um banco grande e tradicional (e elas, provavelmente, nem conseguiriam um). Como explica Steve Blank: "Se você entrasse em um banco e dissesse 'escute, tenho este portfólio no qual quero investir, e 90% das empresas nele irão fracassar,' eles iriam rir de você. Essa é uma classe de ativo financeiro que se baseia em assumir riscos". As pessoas que fornecem dinheiro para startups são raras no sentido que ainda consideram que financiar essas startups é um negócio extremamente lucrativo, apesar do baixo índice de negócios bem-sucedidos.

As diferenças também estão na maneira, por exemplo, que são financiadas. Se você vem de um passado em negócios bem estabelecidos, a ideia de investir em empreendimentos com tamanha taxa de risco de fracasso seria considerada absurda. Todavia, investidores anjo e capitalistas de risco são pioneiros na forma de pensar sobre tais investimentos. Eles tentam oferecer pequenas quantias de capital inicial para distribuir o risco, e esperam retornos maiores nos empreendimentos bem-sucedidos. O Startup Weekend procura trazer mentores do mundo do financiamento de startups para ajudar os empreendedores a compreender a maneira como o financiamento funciona nesse segmento do mundo de negócios.

Há, ainda, outras partes desse currículo empreendedor que precisam ser escritas. Um tema importante é a questão de como contratar as pessoas certas para uma startup. As startups não têm dinheiro, na maioria das vezes, para contratar um especialista em RH. E para a maioria não é o que precisam. Procurar cofundadores, ou a equipe central da startup, é uma parte vital do processo — uma que ocorre antes mesmo do desenvolvimento de clientes.

Encontrar o cofundador certo é uma parte importante do Startup Weekend. Falamos um pouco sobre como fazê-lo no capítulo sobre networking baseado em ação. Contudo, quais são as habilidades que se procura? Pode soar óbvio, mas as startups precisam de pessoas flexíveis. Não há dinheiro para investir em muitas das frescuras que as pessoas acham básicas em grandes empresas, e não há assistentes para ajudar. As pessoas fazem suas próprias cópias, enviam faxes e limpam suas caixas de correio etc. Elas não pedem a alguém que faça isso por elas.

Inevitavelmente, haverá dias em que as pessoas serão forçadas para fora de suas zonas de conforto. Existirá aquela grande reunião em que alguém que faria uma apresentação ficou doente e outro precisará tomar seu lugar às pressas. Haverá um projeto que precisa ser concluído rapidamente, e a equipe de design será relocada para apoiar a pessoa do marketing. Você precisa de pessoas que irão trabalhar em uma ideia como se suas vidas dependessem dela, mas sejam capazes de se adaptar rapidamente quando os clientes disserem que querem algo diferente, e trabalhar na nova ideia com o mesmo tipo de intensidade. Você precisa de pessoas que respeitem umas às outras e trabalhem bem juntas em espaços pequenos, com prazos apertados e sem muito dinheiro. Talvez não haja uma apostila que explique como encontrar essas pessoas, mas é exatamente aí que o Startup Weekend pode ajudar a preencher as partes faltantes do currículo do empreendedor.

5

Mapear o Ecossistema de Startups e Reconstrução Subversiva

O QUE É PRECISO para ser um empreendedor? É uma pergunta que muitas pessoas vêm fazendo. Quer você tenha um emprego estável, esteja aposentado ou tenha recém-saído da escola; tenha sido demitido durante esta 'Grande Recessão' ou esteja pensando em deixar seu cubículo para trabalhar por conta própria amanhã — como você sabe se tem o que precisa para lançar sua própria startup? Nosso conselho: Não espere ser atingido por um raio. A maioria das pessoas não se torna empreendedora de sucesso porque tem uma revelação súbita de uma ideia brilhante para um modelo de negócios. E, também, ninguém nasce empreendedor. Não é porque você jamais começou seu próprio negócio antes que não poderá fazê-lo amanhã.

Tornar-se um empreendedor é um processo. Não requer compromisso total no primeiro dia, e — como qualquer oportunidade profissional — a prudência é um fator tão importante quanto a ousadia. Antes de entregar sua rescisão ou comunicar a seu chefe, antes mesmo de limpar sua garagem para começar a enjambrar e contar aos seus amigos sobre seus planos, comece mergulhando o dedão na água.

Muitas pessoas que vêm ao Startup Weekend são empregados. (De fato, se você quer saber por que nosso evento dura 54 horas, é porque não queremos começar o Startup Weekend antes de as pessoas saírem do trabalho na sexta-feira à noite). Elas podem ocupar posições de alto ou baixo escalão em suas empresas. Podem ser advogados, designers ou publicitários. Pode ser você! Mas a maioria se percebe como pessoas que têm um emprego e um chefe, e sua meta, pelo menos em curto prazo, é ganhar mais para fazer esse trabalho, ou avançar para um emprego que pague melhor.

Todavia, há muito mais do que isso em nossas vidas. Então, tire um minuto e, em vez de apenas pensar sobre o que você pode fazer sendo bem pago, pense sobre o que *você gostaria de fazer* e, então, pense sobre o que *você pode fazer bem*.

> Imagine que de repente você pode ser pago para fazer absolutamente nada. O que você faria? O que é um pequeno passo que você pode dar agora que o deixará mais perto de tornar este emprego dos sonhos uma realidade?

Isso não é um conto de fadas; não estamos sugerindo que a vida que você visualiza possa tornar-se real em um passe de mágica. Mas fugir da *caixinha do empregado* pode ser ao mesmo tempo libertador e ajudá-lo a tomar decisões sobre sua carreira que podem, ao final, torná-lo mais feliz. Tornar-se um empreendedor tem a ver com o que você gostaria de fazer, o que você sabe fazer bem, e, posteriormente, descobrir como fazer com que alguém o pague para fazer isso (nessa ordem). Requer planejamento, criatividade e algum risco.

A trilha empreendedora é, de certa forma, como uma escada. Cada degrau pode ser mais difícil de alcançar que o anterior. É claro que todos terão suas próprias aventuras pelo caminho, mas queremos ajudar as pessoas a evitar ficar em presas entre um degrau e outro. Queremos que as pessoas utilizem a escada que descreveremos a seguir para descobrir onde estão e aonde vão.

O Degrau do Empreendedorismo

Então, o primeiro passo para tornar-se um empreendedor — alcançar o **degrau do empreendedorismo** — é buscar em sua alma. Contudo, também é necessária alguma busca externa. Descubra tanto quanto possa sobre o mundo das startups. Você pode come-

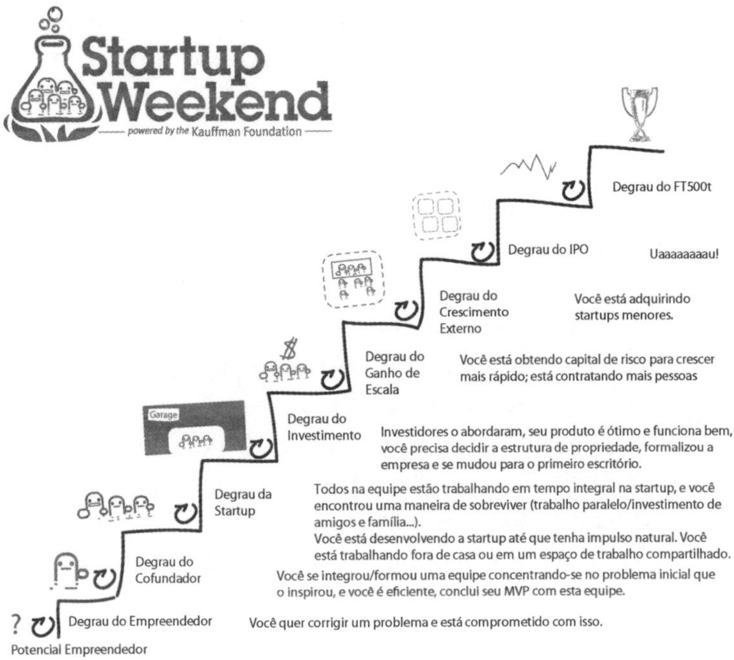

çar escolhendo um livro (ah, claro, você já fez isso!). Existe ainda uma série de eventos e projetos para ajudar a descobrir mais sobre empreendedorismo. Veja a Semana Global do Empreendedorismo, por exemplo. É uma iniciativa da *Kauffman Foundation*, com quase meio milhão de pessoas participando em mais de 3,2 mil atividades para promover o empreendedorismo. Colégios, universidades, agências governamentais e empresas apoiam essas atividades, que incluem eventos virtuais e presenciais, competições em larga escala e pequenas reuniões de networking. E não acontecem apenas nos Estados Unidos. Há eventos em mais de 100 países com 35 mil organizações ao redor do mundo que fazem parte da Semana Global do Empreendedorismo. O propósito desses eventos não é somente o de começar novas empresas, embora muitas surjam deles; o propósito é assegurar que as pessoas tenham amplas oportunidades de explorar seus potenciais como empreendedores.

Outros eventos desse tipo incluem o *Ignite*, no qual os participantes têm cinco minutos para compartilhar uma ideia com uma plateia local. Os participantes desse evento podem conhecer outros empreendedores, ouvir sobre iniciativas interessantes em sua cidade e sentir o tipo de vibração que uma sala cheia de tipos empreendedores pode oferecer. Também há o TED, que procura promover a disseminação de novas ideias por meio de conferências e palestras ao redor do mundo. Exitem as competições de planos de negócios, nas quais se pode entrar para ter uma ideia da paisagem do empreendedorismo. E, se você quiser ter uma sensação de como são tais eventos sem sair de casa, diversas ofertas da Semana Global do Empreendedorismo e eventos do Ignite e TED têm vídeos dedicados a eles no YouTube. Mas você deveria mesmo sair do sofá e observá-los na vida real. Vale a pena.

Você sabe que é um empreendedor quando pensa seriamente sobre abandonar seu emprego, quando o dinheiro deixa de ser sua principal motivação, quando você é movido a paixão e nada o irá impedir de lançar algo que mudará o mundo!

O Degrau do Cofundador

Com frequência ouvimos a pergunta: devo vir ao Startup Weekend se não tenho uma ideia para apresentar? A resposta é um ressonante SIM! Apenas um terço dos participantes do Startup Weekend apresentam ideias. Embora um leigo no assunto possa pensar que um empreendedor sem uma ideia é como um ciclista sem uma bicicleta, nós no Startup Weekend sabemos a verdade, que repetimos diversas vezes: ideias são importantes, mas uma equipe é essencial.

Os noticiários estão repletos de matérias sobre empreendedores solitários que buscam com toda energia seus sonhos e trabalham, incansavelmente, por anos e contra todas as circunstâncias, para provar que os negativistas estão errados. Ouvimos os louvores aos gênios tenazes como Mark Zuckerberg (que, de fato, é); mas isso é apenas metade da história. Até mesmo os visionários precisam de uma equipe de executores para trazer seus novos ideais, capazes de mudar paradigmas, à vida. De mentores a investidores a advogados a empregados a colegas cofundadores, há toda uma classe de pessoas envolvida até mesmo na mais humilde startup. E no Startup Weekend acreditamos que os colegas de equipe que acreditam uns nos outros e em uma visão compartilhada do futuro têm a melhor chance de sucesso empreendedor. O conceito subjacente importa, é claro — mas apenas quando colocado sobre os ombros de um grupo realmente estelar, de pessoas capazes de executar!

Desde que a equipe seja de suprema importância — e será ainda mais no futuro, quando o acesso à tecnologia, à informação e aos recursos se tornar ainda mais amplamente disponível —, o Startup Weekend está comprometido em recrutar a ir a nossos eventos tantas das melhores pessoas quantas pudermos. Atualmente, mais da metade de todos os participantes do Startup Weekend apresenta uma ideia em nossos eventos; nós gostaríamos de aumentar esses números no futuro. Embora apenas um certo percentual de ideias são escolhidas para formar equipes, acreditamos que, quanto mais forem apresentadas, mais inovativos e comprometidos com o processo empreendedor se tornarão os participantes. Certamente, cada equipe só pode trabalhar em uma ideia ao longo do final de semana. No entanto, se cada pessoa na equipe oferecer uma, então, o que isso diz sobre o potencial criativo de cada membro da equipe, seja desenvolvedor, designer ou gerente de produto?

No futuro, o Startup Weekend gostaria até mesmo de oferecer mais apoio a equipes de alto potencial, independente de suas ideias, conforme trabalham para levar suas startups ao próximo nível. De nossa rede de mentores às parcerias com incubadoras e aceleradoras, à nossa participação em programas importantes como o *Startup America*, o Startup Weekend irá conectar os egressos aos recursos de que mais precisam para avançar.

Finalmente, a melhor maneira de descobrir se você tem o que precisa para ser um empreendedor é encontrar outros empreendedores e falar com eles sobre o que fazem e o que você pode fazer. Hoje percebemos que isso é, por si só, uma importante descoberta.

> Pintores conversam com outros pintores; atletas conversam com outros atletas; professores conversam com outros professores. Por que empreendedores não deveriam conversar com outros empreendedores?

Há apenas poucas décadas, os empreendedores costumavam se estabelecer em seus porões ou em suas garagens, e estavam normalmente sozinhos. Quando o computador pessoal se tornou parte da vida cotidiana, programadores começaram a se encontrar, porém, muitas vezes (e só estamos exagerando um pouco), era meramente para jogar videogames e se divertir programando para eles. A cultura ainda era esmagadoramente masculina e composta na maior parte de interações orientadas para computação. E, embora as pessoas tivessem computadores, não existiam redes sociais; os empreendedores estavam basicamente restritos ao trabalho com pessoas de sua vizinhança (tipo o cara na garagem ao lado). Não é que eles não pudessem se comunicar; é simplesmente porque a distância tornava as coisas mais difíceis e caras. (Você se lembra de quando pagávamos mais caro por chamadas de longa distância?). Nossas redes de contato costumavam depender mais de nossa localidade. Por exemplo, mesmo se nos graduássemos em uma escola de negócios do outro lado do país, ainda era difícil (exceto por algumas cidades) encontrar uma massa crítica de graduados com quem trabalhar em um projeto.

O que o Startup Weekend fez foi reunir pessoas de diferentes origens — desenvolvedores, empresários, artistas, designers, advogados, e assim por diante — e incentivá-los a conversar sobre seu interesse comum em empreendedorismo. É quase tão difícil quanto se batêssemos nas portas de diversas garagens e convencêssemos as pessoas a sair e a socializar.

E este é o próximo passo na evolução do empreendedor — o degrau do **cofundador**. Esse é o estágio no qual as pessoas já aprenderam mais sobre startups e decidiriam que é hora de encontrar as pessoas certas para fazer suas ideias decolarem, ou envolver-se com a ideia de outra pessoa.

É aí que entra o Startup Weekend. É quando você começa a sair com alguém — quando encontra alguém de quem você goste e que sente o mesmo por você. Quando se é novo neste mundo do empreendedorismo, é importante não apenas conhecer pessoas, mas também conhecer as certas. Você precisa encontrar aquelas que tenham uma paixão real por empreendedorismo, que complementem tanto suas habilidades quanto sua personalidade, e que estejam em um momento de suas carreiras e vida pessoal em que possam investir algum tempo (ainda que não seja todo seu tempo) no lançamento de uma startup.

Somados ao Startup Weekend, há eventos como encontros do *Coffee 2.0*, *Startup Drinks*, *Founder Dating*, *Women 2.0* e centenas de iniciativas locais desenhadas para ajudar empreendedores a entrar em contato com pessoas capazes, dispostas e com afinidade mental.

A coisa mais importante para se ter em mente em todas essas iniciativas é que você deve *conversar* com as pessoas e compartilhar suas ideias. Havia uma tradição de longa data entre empreendedores de que eles deviam manter suas ideias em segredo. As pessoas praticamente caminhavam por aí com contratos de confidencialidade em seus bolsos. Essa não é uma maneira efetiva de encontrar cofundadores ou colegas — ou mesmo de descobrir se sua ideia vale alguma coisa. Se você se fechar, a pessoa com quem está falando se fechará também. Portanto, nós encorajamos a confiança nos participantes do Startup Weekend. Sua ideia não valerá nada se você a guardar para si, e ir ao Startup Weekend para bater papo sobre o clima é uma tremenda perda de tempo.

Conhecer outras pessoas e formar uma equipe é uma ótima maneira de manter-se motivado — para garantir que você não fique inventando desculpas. As pessoas nos contam que abririam empresas se não fosse por seus empregos, sua família, sua idade, o lugar onde moram, ou qualquer coisa assim. É natural. Mas conhecemos pessoas em todas essas circunstâncias que decidiram ter adiado muito tempo e finalmente resolveram arriscar — e você também pode.

Cofundadores que acreditam na ideia de outra pessoa são tão importantes quanto cofundadores que têm uma ideia e estão procurando por outra pessoa em quem acreditar.

- Você está tendo dificuldades em dar início à sua ideia?
- Seu plano de ação é apropriado ao considerar suas habilidades, seus recursos e suas limitações?

O Degrau da Startup

O terceiro passo, o **degrau da Startup,** é para as pessoas que já montaram uma equipe e têm os esboços de uma ideia para um negócio. As pessoas nesse passo também são boas candidatas para participar de um Startup Weekend. Temos algumas equipes que já estão formadas, procurando por mais ajuda em diversos de nossos eventos. Eles podem até já ter construído algo em um Startup Weekend anterior, mas precisam desenvolver ainda mais seus projetos. Essas pessoas podem usar o final de semana como um tempo para avançar em seus projetos, levar a ideia ao próximo nível, conduzir mais pesquisas de mercado, ou mesmo encontrar mais desenvolvedores ou empresários. Contanto que estejam buscando verdadeiros membros de equipe, e não trabalho gratuito, equipes no degrau da startup podem encontrar muitos componentes essenciais no Startup Weekend. Não é apenas o cofundador que é importante para uma startup bem-sucedida. Charlie O'Donnell, um dos conselheiros do Startup Weekend e um dos cabeças da *First Round Capital*, em Nova York, diz que arranjar "os cinco primeiros empregados corretamente é vital". De acordo com O'Donnell: "Arranjar a equipe certa e conseguir as pessoas certas é superimportante". De fato, ele pensa que uma das coisas mais importantes que um capitalista de risco pode fazer é ajudar uma equipe a fazer as contratações certas. Muitas pessoas travam quando se dão conta de que lhes falta um certo conjunto de habilidades. O'Donnell diz que pode observar um aplicativo para dispositivo móvel e dizer às equipes que pessoa lhes falta. Talvez seja a equipe de vendas ou desenvolvimento de produto, ou a pessoa da experiência do usuário. Não importa o que, diz ele, o plano teria sido melhor se a equipe inteira estivesse lá desde o começo.

- Você sabe que habilidades e pontos fortes agrega para a equipe?
- Você consegue identificar as habilidades e os pontos fortes dos membros de sua equipe?
- Eles conseguem identificar as suas?

As pessoas que formam equipes bem acabadas no Startup Weekend parecem muito inclinadas a continuar o processo. De fato, a maior parte dos participantes do Startup Weekend planeja continuar a trabalhar na ideia de sua equipe após o final de semana, com 36% relatando que todos os membros irão continuar a trabalhar no projeto e 41% relatando que algum subgrupo da equipe o fará.

Cercar-se das pessoas mais competentes é vital para seu sucesso logo no começo, e também é um fator importante para que sua startup vá bem em longo prazo. Você pode pensar que gosta de estar sozinho, mas isso significa que sua startup irá crescer e cair dependendo de sua vigilância, e de ninguém mais.

Em alguns dias, você se sentirá ótimo. Você pensará: "Ai, meu Deus! Vou desenvolver todas essas coisas e criar o produto perfeito. Ser um empreendedor é fantástico". Uma vez que você passe por alguns maus bocados, contudo, pode começar a se sentir mal e a se perguntar: "O que foi que eu fiz? Eu nunca vou conseguir. Essas ideias são terríveis".

Seu humor em um determinado dia pode parecer uma preocupação trivial agora, mas acredite em nós: *não é*. Ter mais pessoas em uma equipe pode criar um equilíbrio emocional. Nem todos os membros irão sentir-se bem ou mal ao mesmo tempo. Ser um empreendedor pode ser duro. Há vezes em que ninguém acredita em você. Você não tem dinheiro algum. Tem essa visão de algo que quer conquistar, mas pode sentir que não está fazendo progresso suficiente. Depois de seis meses, depois de um ano, não quer estar sozinho porque não quer desistir.

Há outras partes do ecossistema de uma startup que podem ajudar a encontrar as pessoas que precisa para sua equipe e o tipo de apoio para sua visão. *Bar Camps*, por exemplo, são conferências geradas por usuários para discutir não apenas inovações tecnológicas, como também ideias sobre política, assistência médica, transporte e uma variedade de outros assuntos. *Fail Conferences* oferecem a oportunidade de ouvir de empreendedores experientes e outros líderes sobre alguns dos erros que cometeram em seus caminhos para o sucesso — erros que esperam ajudar outros a evitarem. Ambos são ótimas oportunidades de aprender mais sobre o ambiente empreendedor, além de conhecer pessoas com quem você pode querer trabalhar no futuro.

Vivemos em uma época maravilhosa, mas também desafiadora para empreendedores. O mundo está mais plano. Com acesso à tecnologia mais amplo e barato, a maioria das pessoas com um sonho e um computador com acesso à Internet pode alcançar consumidores potenciais do outro lado do mundo e começar a vender seus produtos ou serviços com um site simples. Criar uma empresa não é mais uma iniciativa para graduados de grandes universidades ou filhos de famílias abastadas. Por outro lado, é ainda mais difícil fazer sua mensagem ser ouvida e diferenciar-se da concorrência com tantas pessoas compartilhando seus produtos criativos. Empreendedores não estão mais concorrendo apenas com a butique de sua rua; estão contra todas as butiques que tenham presença na web — até mesmo lojas em países dos quais podem nunca ter ouvido falar. Experiências como o Startup Weekend ajudam os participantes a aprenderem rápido e a serem mais espertos que a competição, permitindo que empreendedores em estágios iniciais esbarrem com dúzias — ou mesmo centenas — de consumidores potenciais, futuros membros de equipes e mentores.

Você sabe que alcançou o degrau da startup uma vez que as pessoas vêm até você perguntando sobre seu produto extraordinário. Esse é um bom sinal para começar a se concentrar no **degrau do investimento**. Se você não tem tração natural, é um importante sinal de que sua startup precisa de trabalho. Volte ao desenvolvimento de clientes — os clientes não mentem!

O Degrau do Investimento

Dinheiro na mão? Bom, ainda não! Percebemos que muitas pessoas querem ver o dinheiro mais cedo no processo de tornar-se um empreendedor. Elas esperam receber algum tipo de investimento assim que possível. Você pode estar se perguntando: este não deveria ser o primeiro ou segundo passo? A resposta é: *certamente não*. Parte do novo modelo de empreendedorismo é não precisar de dinheiro para começar. Precisa-se de tempo e de pessoas. Mas não de dinheiro.

- A razão para isso é que a maioria das startups às quais nos referimos é de aplicativos móveis ou web que dispensa despesas iniciais. Como nos contou um empreendedor veterano:

  Um elemento ótimo do Startup Weekend é que você poderia potencialmente ganhar dinheiro já no primeiro dia, porque participar não custa muito e as despesas iniciais para a maioria destas startups tecnológicas são quase nada.

Embora a maioria das pessoas não seja necessariamente produtiva desde o começo, o ponto é que não há motivo para gastar seu dinheiro — ou de ninguém mais — até que se tenha mais informações. Obtenha conhecimento; *então* consiga o investimento.

Como discutimos antes, você sequer precisa de fato *criar* o produto. Somente precisa dar às pessoas uma ideia boa o suficiente do que é o produto para que possa ver se elas irão comprá-lo. Precisa investir tempo, tanto durante o final de semana como posteriormente, conversando com clientes potenciais e testando diferentes versões da ideia. Não lance uma porção de coisas para o alto para ver o que funciona; lance pequenas partes separadas. Se algo não funcionar, examine, desenvolva um pouco mais, e lance novamente.

Isso acontecerá rapidamente — e *deve* ser assim. Começar um negócio será mais rápido do que você imagina, talvez até durante um final de semana. Dois em cada quatro participantes do Startup Weekend acreditam que a ideia de sua equipe poderia estar pronta para o lançamento (definido como a primeira venda ou a venda da ideia a um terceiro) de um a três meses, enquanto 28% acreditam que sua ideia poderia ficar pronta em menos de um mês, e 19% acredita que sua equipe precisará de quatro a seis meses para aprontar sua ideia.

São ótimas notícias, não apenas no sentido de que você quer chegar logo ao degrau do investimento, mas também porque não quer perder tempo. Seu tempo vale algo, e você não deveria perdê-lo trabalhando em uma ideia que não vai a lugar algum. Se utilizar as técnicas que discutimos em capítulos anteriores, pensamos que descobrirá que chegará ao sucesso — ou ao fracasso — muito mais rápido. E, se você fracassar, pode seguir para a próxima ideia e encontrar o sucesso.

O Degrau do Ganho de Escala

Então, digamos que você montou sua equipe e fez suas pesquisas. Talvez tenha vencido o Startup Weekend ou foi votado como a "ideia mais sujeita a ganhar um milhão de dólares". Digamos que você obtenha a validação das 150 pessoas com quem passou o final de semana. Qual é o próximo passo?

Há diversos programas por aí que fazem *incubação com mentoria*, isto é, eles apoiam empreendedores tanto financeira quanto educacionalmente por algumas semanas ou meses para ver se suas ideias decolam. Esses programas não são fáceis de entrar; no entanto, uma vez dentro, terá a liberdade e a especialidade do mentor à sua disposição para realmente perseguir seu projeto em tempo integral e com todo o coração. *Y-Combinator*, *Tech Stars* e *Startup Labs* são todos excelentes pontos de entrada no mundo do Investimento em Startups.

Esse é o estágio no qual alguém — um estranho — realmente começa a acreditar no seu sonho. É quando você pode praticamente dar o salto do penhasco do empreendedorismo.

Isso nos leva ao próximo passo na escada do empreendedorismo — o **degrau do ganho de escala.** Investidores de risco estão constantemente considerando os grupos e indivíduos que saem dos programas que acabamos de mencionar. Ainda que as pessoas que completetam esses programas não recebam investimentos iniciais automaticamente, muitos o fazem. Encontrar os mentores certos nesses programas pode ser o ingresso para encontrar apoio financeiro.

Queremos fazer uma pausa aqui para dizer que nem todas as startups precisam de capital de risco. De fato, muito poucas empresas da Revista Fortune 500, de fato, recebem esse tipo de investimento. Muitas experimentam um crescimento natural que é sustentável ao longo do tempo *sem* dinheiro de investidores. Elas obtêm receita regular dos clientes e aplicam no negócio. Todavia, há certos tipos de empresas que só conseguem crescer se receberem algum tipo de injeção de capital externo. Talvez sua equipe precise contratar mais empregados ou adquirir um servidor melhor, ou talvez sua garagem já não seja o suficiente, e sua família queira despejá-lo.

O Degrau do Crescimento Externo

Uma vez que você tenha ganhado escala, seu sucesso será um tanto óbvio tanto para você quanto para a concorrência. Isso indica que é hora do próximo passo — o **degrau do crescimento externo**. Isso é quando você começa a pensar em adquirir parte da concorrência, ou fazer com que o adquiram. Por exemplo, muitos negócios foram lançados utilizando o modelo do Groupon de compras coletivas e foram subsequentemente comprados pelo Groupon. Outros ainda tentarão concorrer com o Groupon em escala menor, talvez ocupando um nicho de mercado. Empreendedores diferentes têm sentimentos diferentes quanto a ser adquiridos — isto é, deixar o mercado em certo momento. Alguns o verão como um sucesso; eles saem com uma generosa quantia em dinheiro. Mas outros ficarão decepcionados por não conseguirem levar suas empresas adiante. Empreendedores também podem ser sentimentais, e ficarem muito apegados tanto às suas ideias quanto às suas equipes.

Os próximos passos para aqueles que seguem adiante são o **degrau do IPO** e o **degrau da Fortune 500**. Embora esses não sejam ocorrências comuns, eles acontecem — e são uma parte importante do ecossistema de startups. Empreendedores que já tenham chegado até aqui podem virar-se e tornar-se mentores dos que estão subindo as escadas; podem oferecer capital inicial a equipes que estão iniciando e ainda oferecer uma imagem ao mundo externo daquilo que um empreendedor motivado pode alcançar. Queremos criar um ecossistema que possa apoiar a criação de mais empresas de um bilhão de dólares.

Avançando com Mais Frequência

Esse modelo é algo que estamos trabalhando no Startup Weekend há algum tempo. Acreditamos que é um bom começo. Oferece a todos na comunidade do empreendedorismo um entendimento comum por meio do qual julgar a qualidade do que fazemos ao motivar a formação de startups. Podemos ver, por exemplo, se as pessoas estão travando em algum passo em especial e determinar se podemos adicionar recursos para ajudá-las.

Em nossa experiência, muitas pessoas travam entre o degrau do empreendedorismo e o degrau do investimento, porque elas tendem a pular o degrau do cofundador. Estão guardando suas ideias para si. Não têm certeza de como formar uma equipe ou de onde encontrar as pessoas certas. Vemos isso como um nicho importante para o Startup Weekend. Contudo, também gostaríamos de conseguir mais grupos que já estão formados para participar no Startup Weekend — recrutando mais dos novos talentos e ouvindo perspectivas novas, assim como ajudá-los a avançar com projetos nos quais já estejam trabalhando.

O maior impacto do Startup Weekend pode ser sentido no nível da comunidade. Por mais que gostemos de pensar no empreendedorismo como um fenômeno global (e o é) e por mais que gostemos de pensar em empreendedores do mundo inteiro em contato uns com os outros (e eles estão), descobrimos que alguns dos desenvolvimentos mais interessantes em empreendedorismo estão acontecendo em nível local. Com toda a tecnologia disponível que nos permite comunicar com pessoas do outro lado do mundo, perdemos de vista o quanto a comunicação face a face pode ser importante. De fato, é vital para a troca de ideais, a formação de equipes e o crescimento de startups.

> Você já sentiu o impacto de atingir uma comunidade maior? Como afetar uma comunidade inteira se difere de atingir uma ou duas pessoas apenas?

Agora mesmo, empreendedores e pessoas interessadas em empreendedorismo estão com frequência sozinhas — ou sentem que estão. Comunidades de startups e seus programas associados e iniciativas são frequentemente fragmentadas, dispersas ou inexistentes, o que torna difícil a empreendedores aspirantes encontrar os recursos e apoios de que precisam, quando precisam.

Em uma instância maior, instituições e programas mais antigos amplificaram os mitos sobre o empreendedorismo. Sendo assim, ao fim, elas não contribuem com a criação de empreendimentos de sucesso ou com uma cultura de apoio ao verdadeiro empreendedorismo. Continuam a sugerir que uma boa ideia é a parte mais importante de um negócio. Encorajam jovens empreendedores a manter suas ideias em seus bolsos, e se preocupam com quem tem os direitos de propriedade intelectual sobre determinada obra — e tudo isso antes de uma empresa sequer ser lançada.

Para combater esse tipo de pensamento, o Startup Weekend está tentando descobrir não apenas como levar mais eventos para mais pessoas em mais lugares, mas também como ter uma presença mais permanente nessas comunidades. Como podemos construir uma cultura empreendedora ao longo do tempo, e não apenas em um final de semana?

Para começar, nós gostaríamos de coordenar com outros membros do ecossistema empreendedor. Queremos instituir eventos que preparem empreendedores para o Startup Weekend e ajudem a dar apoio depois. Teremos eventos de reencontro para pessoas que já participaram no passado.

Também tentaremos incorporar ainda mais pessoas fazendo networking durante o final de semana. Talvez meramente trabalhar com as pessoas em nossa equipe não ofereça exposição suficiente aos talentos de outros participantes do Startup Weekend. Temos experimentado uma variedade de jogos e competições que irão encorajar as pessoas a misturar-se mais em eventos futuros.

Também queremos que todos que já tenham participado em um final de semana sejam capazes de tirar vantagem de toda a rede empreendedora. Então, vamos tentar um pouco de polinização cruzada — enviar pessoas de São Francisco para o Chile ou do Cairo para Nova York ou do Brasil à Tunísia — para permitir aos participantes que aprendam mais sobre a experiência global de startup. Talvez isso dê a eles ideias de como contornar algumas das onerosas regras que pequenas organizações devem encarar, ou ajudá-los a descobrir como expandir suas ideias de negócios em um nível internacional. Aquilo sobre o mundo ser tão plano, e tal... Bom, você entendeu.

O Futuro do Startup Weekend

Reunir-se e ter a experiência de um Startup Weekend faz as pessoas perguntarem a si mesmas e aos outros: *e agora?* No passado, não fomos capazes de oferecer nenhum tipo de apoio após os Startup Weekends, mas, repetidas vezes, vimos as pessoas saírem na segunda-feira pela manhã e dizer: "E agora?" Quanto mais pessoas fazem essa pergunta, melhor — porque ela cria uma necessidade para mais programas e iniciativas que ajudem a respondê-la. Isso, em troca, ajuda a abastecer a revolução empreendedora até o topo.

Há muita conversa nos dias de hoje sobre como se incentiva o empreendedorismo de cima para baixo, quer você trabalhe para o governo, seja um investidor de risco, político, funcionário público ou acadêmico. As pessoas constantemente se perguntam como podem colocar essas coisas de empreendedorismo sobre os programas existentes para colher benefícios. Mas nenhum desses programas parece funcionar. A verdade é que tem de ser semeado nos níveis iniciais para dar certo.

No Startup Weekend, estamos tentando aproximar pessoas de diferentes partes do ecossistema. Nos últimos cinco anos, pessoas da alta hierarquia do governo e de grandes empresas vêm falando em eventos como o Fórum de Davos. Entretanto, esses tipos de eventos não vinham atraindo os CEOs ou CTOs seniores de empresas de sucesso de alguma cidade em especial. E esses empresários seniores não estavam conhecendo os empreendedores famintos, que ainda estão nos estágios iniciais de suas carreiras.

Descobrimos que a experiência do Startup Weekend é igualmente educacional para as pessoas no degrau mais alto do ecossistema. Quanto mais empreendedores conseguem uma chance de falar com investidores, mais programas os investidores irão criar para apoiar esses empreendedores, e mais empreendedores serão atraídos para tais programas. Nós esperamos esse tipo de efeito bola de neve e torcemos por ele.

A Startup Foundation

No futuro, esperamos expandir a influência do Startup Weekend formando algo chamado Startup Foundation. Queremos fazer dessa iniciativa a mais poderosa maneira de investir no desenvolvimento de uma comunidade e ecossistema empreendedor do mundo. Concentrando-nos em certas cidades, esperamos ajudar empreendedores a se encontrar e trabalhar juntos com mais frequência. Isso promoverá a criatividade, a inovação e a criação de novos negócios em níveis iniciais. Dando poder aos líderes comunitários pela rede global, podemos maximizar o impacto, aprender com nossos esforços e unificar em larga escala.

Com o apoio da *Kauffman Foundation*, estamos planejando nomear cofundadores de Startup em oito cidades do mundo. Esses líderes coordenarão os esforços em vários eventos de startups e tentarão levar mais desse tipo de eventos às suas áreas particulares. Os cofundadores de Startup tentarão conectar grupos alheios, inclusive organizações estudantis de universidades, corporações, espaços de *coworking*, câmaras de comércio, investidores, e assim por diante.

Educar as pessoas sobre o que é preciso para tornar-se um empreendedor, assim como as ótimas coisas que o empreendedorismo pode fazer por uma comunidade, será vital para a Startup Foundation. Podemos criar mais catequistas de startups que tentarão levar seus amigos e colegas à rede. Uma das razões de o Startup Weekend ser tão bem-sucedido é que trazemos pessoas com experiência em uma grande variedade de atividades aos nossos eventos. Mas, queremos lançar nossa rede ainda mais longe; queremos promover o tipo de currículo do qual falamos no Capítulo 4 — um currículo de melhores práticas para empreendedores. Em parceria com pessoas como Steve Blank e Carl Schramm, estamos trabalhando em maneiras de espalhar essas ideias pelas mídias sociais, programas de mentoria, e até mesmo blogs individuais como uma plataforma para compartilhar sucessos. Precisamos espalhar a mensagem de todas as formas possíveis.

Outro aspecto importante deste trabalho é nossa tentativa de obter mais informações a respeito da maneira como startups são formadas. Embora tenhamos conduzido extensas pesquisas rastreando o progresso de participantes do Startup Weekend ao longo do tempo, ainda há muito a aprender. Um dos papéis centrais que a Startup Foundation se vê cumprindo é o de formar uma base de dados de informações sobre como startups são formadas e como indivíduos empreendedores evoluem. Também gostaríamos de conduzir análises mais abrangentes dos impactos da atividade empreendedora na geração de empregos.

Lançaremos a Startup Foundation em oito cidades em 2012, e continuaremos nos expandindo em 2013. Isso será um teste para nós. Idealmente, gostaríamos de ver um cofundador de Startup coordenando esses esforços em cada grande cidade dos Estados Unidos e em outros lugares do mundo. Queremos determinar se é possível melhorar os resultados para indivíduos empreendedores, fortalecendo a comunidade empreendedora em geral, e ver se há maneiras para ajudarmos as pessoas em suas aventuras de startups. Então, se você ouvir logo alguém bater à porta de sua garagem, você já saberá quem é!

Conclusão

Viva la Revolucion

Há uma revolução de startups acontecendo neste momento. Muitas pessoas estão se perguntando se é apenas mais uma bolha. Provavelmente, há uma bolha e ela irá estourar. Mas a revolução de startups é baseada em mudanças estruturais e sustentáveis em tecnologia e negócios. Como diz o investidor Charlie O'Donnell: "Nunca houve tanto conteúdo e recursos disponíveis para empreendedores. Se você está pensando em iniciar algo, não há desculpas para estar desinformado". Em vez de ficar frustrado tentando desenvolver ideias por conta própria, você pode, de fato, descobrir sobre as coisas que investidores de risco estão dispostos a financiar. Muitas empresas de investimento de risco têm blogs que descrevem modelos específicos de seu interesse. Todo o sistema se tornou muito mais transparente recentemente.

De fato, se você voltasse apenas 15 anos, encontraria a maior parte da inovação acontecendo nos laboratórios de universidades. Alguns alunos pesquisadores estariam desenvolvendo um novo chip, e se uma empresa de capital de risco tivesse alguma relação com aquele laboratório, ela poderia investir no projeto. Hoje em dia, contudo, há um número infinito de lugares onde a inovação pode acontecer. Qualquer um pode desenvolver um programa em um final de semana. Os investidores têm de estar por aí falando com as pessoas. Eles não podem apenas se relacionar bem com três laboratórios científicos locais.

Há uma democratização do empreendedorismo acontecendo hoje, e ela começa com a tecnologia. Tendo recursos como o Google Apps, ou registrando um domínio e um servidor de e-mails, permite-se ter um site no ar e funcionando em meros 10 ou 15 minutos.

Acesso a ferramentas como essas costumava ser proibitivo para a maioria dos empreendedores há apenas cinco anos, não mais.

E há ainda todos os instrumentos que ajudam as pessoas que lançam empresas a ganhar validação. A evolução da publicidade online —, assim como a funcionalidade de enviar anúncios no Facebook — influência das redes sociais, e o feedback dos clientes também têm sido decisivos nessa mudança de cenário. O custo para conseguir que um par de olhos veja seu produto é drasticamente mais baixo nos dias de hoje. Como resultado, até mesmo a mídia tradicional e os pontos de comercialização vêm se tornando mais acessíveis. A mídia impressa e a TV querem saber o que é quente por aí, portanto, seguem de perto as tendências nas mídias sociais.

Mas há forças ainda maiores em atuação por aqui. Costumava haver um senso comum mais forte de que, se você quisesse um bom emprego em um escritório depois de sair do colégio, era necessário cursar uma universidade. Depois da universidade, você deveria arrumar um emprego em uma empresa ou estudar ainda mais para se tornar um doutor ou um advogado. Era uma estrutura muito mais rígida. No entanto, um crescimento da classe criativa vem acontecendo nos últimos anos, e a cultura de startup tem se beneficiado e contribuído com essa tendência. Há uma série de perguntas que as pessoas podem se fazer. Agora podemos nos dar ao luxo de dizer: "Ei, espere um minuto. No que sou bom? O que quero fazer? Não preciso ser um médico ou um advogado para ser considerado bem-sucedido".

Diálogos ao redor do mundo estão mudando conforme percebemos que nem sempre os empregos são gerados por grandes empresas. O sonho de se formar e ir trabalhar para o Google, passando um tempo lá até que possa, com sorte, conseguir uma posição de gerente mais ou menos decente, simplesmente não é mais necessário.

Em parte, a Grande Recessão causou um pouco dessa mudança de pensamento. Alexis Ringwald, uma vencedora do Startup

Weekend que viaja o mundo exaltando os benefícios do empreendedorismo, explica da seguinte maneira: "Penso que os americanos foram sacudidos para sair de sua complacência. Agora eles veem que nem todos podem simplesmente se tornar um banqueiro de investimentos, ou consultor, mas que as pessoas precisam criar seus próprios empregos".

Ringwald não veio de uma família de empreendedores; eles eram artistas e educadores. Portanto, todo o conceito de começar seu próprio negócio era estranho para ela. "Eu não sabia nada sobre negócios até que estive na Índia e conheci o cara que se tornaria meu sócio. Ele era um empreendedor do Vale do Silício e foi assim que começamos nossa empresa; aprendi muito com aquilo". Ela conta que, mesmo durante seus anos como estudante na Universidade de Yale, a ideia de sair por conta própria para abrir um negócio depois da graduação era considerada ir contra a corrente.

Ela diz a plateias ao redor do mundo que participem do Startup Weekend não apenas porque é como "ir à escola de empreendedorismo", mas também porque aumenta a confiança: "Meio que me lembrou de ser mais corajosa... É isso que me fez perceber que em apenas dois dias é possível começar algo que pode mudar o mundo".

Confiança é também algo que Ringwald pensa que muitos americanos poderiam ter mais neste momento: "Muitas pessoas estão perdendo o emprego nos EUA e há índices altos de desemprego; penso que perder o emprego causa um grande dano à sua autoconfiança. Você pensa que não vale nada, suas habilidades não têm valor, você não pode contribuir e não tem nada a oferecer". Sendo assim, Ringwald acredita que o empreendedorismo pode contribuir de maneira ampla para ajudar àquelas pessoas que foram demitidas. Elas podem vir a algo como o Startup Weekend e "lembrar-se de que suas habilidades podem contribuir para algum projeto ainda que de maneira simples".

Ringwald tem grandes esperanças para o Startup Weekend: "Ele simplesmente... Resgata a dignidade das pessoas, o que eu penso ser realmente determinante quando elas passam por um tempo sem conseguir arrumar emprego e gradualmente ficam mais e mais depressivas a respeito disso". Ela pensa que a revolução do empreendedorismo que está acontecendo "pode ter um enorme efeito na consciência nacional se ela realmente penetrar algumas regiões dos EUA onde muitos empregos foram perdidos".

E há potencial real fora dos EUA. O Startup Weekend não está funcionando apenas na Europa Ocidental; vamos a países como Nigéria, Tunísia, Rússia, Chile e Líbano. Criar empregos nesses países menos ricos e desenvolvidos irá estimular suas economias e quem sabe até criar maior estabilidade política. Como você deve ter ouvido, o mundo nunca foi tão plano. Não importa muito quem você é ou onde está. Todos podemos nos beneficiar de poder acessar outras pessoas — outros colegas de equipe potenciais — ao redor do mundo.

Como diz Ringwald: "Penso que o Startup Weekend poderia ser uma nova forma de diplomacia. Em vez de enviar tropas, deveríamos estimular empreendedores em outros países porque, quando as pessoas iniciam negócios e meios de vida, elas têm menos incentivo para querer lutar em guerras e causar terror em lugares diferentes". Podemos utilizar a experiência americana e o *know-how* para incentivar empreendedores em países em constante ameaça de guerra e em desenvolvimento. Ela diz: "Seria excelente levar o modelo e realmente focar em alguns países onde há muita devastação e tentar ajudar as pessoas a criar meios de vida sustentáveis".

Portanto, a revolução do empreendedorismo é o resultado de tecnologia somada a mudanças econômicas e sociais em larga escala. Mas há outros fatores em jogo também — como o desenvolvimento de uma fonte de capital de risco. Os investidores estão dispostos a apostar em startups de uma maneira que nunca estiveram antes. E, também, há um novo entendimento daquilo que é preciso para fazer uma startup ter sucesso. O trabalho feito por pessoas como Steve Blank assegurou que empreendedores não precisem apenas contar com sorte para serem bem-sucedidos. Há um processo agora e uma compreensão real de como os empreendedores podem reduzir o risco e crescer no ritmo certo para tornarem-se ótimos. É realmente importante incorporar o uso das melhores práticas, para compreender como testar as coisas e para aprender com pessoas que já fizeram acontecer.

A Cultura Empreendedora

Todo o ambiente para empreendedores está mudando. A própria palavra *empreendedor* vem sendo mais utilizada pelas pessoas. Embora ainda haja muito a ser feito em termos de trazer outras profissões para isso — em especial, áreas acadêmicas e o direito —, uma boa dose de progresso já foi feito. Grandes negócios já até começaram a perceber de onde vem a inovação. Algumas empresas grandes estão buscando criar um tipo de ambiente de startup em seus próprios escritórios, utilizando algumas das ferramentas de gestão de projeto que mencionamos no Capítulo 5.

Porém, também começaram a perceber que, uma vez que startups são tão eficazes em fazer esse tipo de inovação, eles talvez não precisem fazer muito por sua conta. Nick Seguin, da *Kauffman Foundation*, diz ter encontrado muitas empresas grandes deixando de lado grandes investimentos em pesquisa e desenvolvimento e, ao em vez, tentando adquirir a tecnologia criada pelas startups ou até mesmo tentando adquirir as próprias startups. Ou seja, esse desenvolvimento significa que as grandes empresas agora têm interesse no sucesso das startups, e têm começado a prestar mais atenção no ecossistema destas.

E também tem a Mídia. Foram publicados artigos em todos os grandes jornais e revistas, em todas as grandes redes de TV e estações de rádio sobre a importância das startups. São frequentemente histórias motivacionais de empreendedores locais que conseguiram mudar suas comunidades para melhor. Mas esses tipos de relatos são suficientes para mudar a cultura?

Por mais que falemos sobre genialidade e inovação como parte do DNA dos EUA, ainda há aquele olhar estranho que algumas pessoas recebem quando estão apresentando seus maridos ou suas esposas em seu círculo de amigos — no qual todos os outros são banqueiros de investimentos ou publicitários — e você diz algo como: "Pois é, ele está trabalhando em um negócio próprio agora". Simplesmente não faz parte da norma cultural. Há sempre os aspectos sociais e psicológicos de ser um empreendedor. Se pudéssemos fazer com que uma massa crítica de pessoas se engajasse em empreender, ou ao menos *conhecer* alguém que seja empreendedor, então, a barreira de entrada poderia ser mais baixa.

Sua Próxima Iteração

O Startup Weekend tem diferentes utilidades para cada pessoa. Estamos ajudando empreendedores a alcançar os próximos passos em suas respectivas jornadas, onde quer que estejam atualmente na escada das startups. Para aqueles que sabem o que estão fazendo, o final de semana oferece um período cronológico condensado no qual fazer as coisas. Eles sabem que podem acessar pessoas, concentrar-se apenas nas coisas relacionadas à sua visão empreendedora ao longo daquele final de semana, e, de fato, lançar algo. O Startup Weekend é o próximo passo óbvio em seu desenvolvimento como empreendedores.

Para outros, o Startup Weekend é um construtor de comunidades. É apenas uma forma de conhecer pessoas e, ainda que você saia sem nenhuma empresa constituída depois do final de semana, pelo menos 70 pessoas que não se conheciam antes agora se conhecem. E quem sabe o que pode surgir disso em algum ponto no futuro? Talvez dentro de alguns anos, quando uma pessoa daquele evento se envolver com uma nova empresa, ele ou ela irá ligar para sua equipe e perguntar se alguém se interessa por uma nova oportunidade.

Para outros, ainda, e isso é particularmente verdade quando estamos atuando em comunidades ou cidades menos empreendedoras, especialmente em lugares como a Europa Oriental, por exemplo, o Startup Weekend é uma prova de que você pode trabalhar em algo e não trabalhar mais nisso depois do evento. A cultura da qual você faz parte não aceitou, de fato, a legitimidade do empreendedorismo, mas pode fazê-lo em algum momento, e você poderia ser um dos *early adpoters*. Enquanto isso, sua experiência o ajudou a aprender algo sobre suas habilidades e o expôs a uma rede mundial de empreendedores. Talvez você decida que é hora de explorar seu empreendedorismo em outro lugar, ou que será a pessoa que começará a transformação da cultura ao seu redor.

Não importa em qual dessas categorias você se localize, o Startup Weekend irá ajudar a testar novas versões de si mesmo. Ele não apenas permite mudar seu modelo de negócios ou seu produto ao longo de 48 horas; permite que você mude como enxerga a si mesmo. E experimentar o empreendedorismo pode ser uma experiência de mudança de vida.

Seguin lembra-se de ter conhecido quatro corretores de derivativos no último Startup Weekend em Nova York. "Este é um trabalho muito difícil; você ganha muito dinheiro, e não chega a dormir muito. Mas, por algum motivo, estes quatro vieram àquele evento e ficaram acordados até as três da manhã e voltaram às nove todos os dias". O motivo é claro, na verdade: o Startup Weekend é uma chance de tentar algo novo. Você não tem muitas oportunidades assim na vida por causa do que está fazendo ao longo do dia ou de seus compromissos com a família, e assim por diante. Seu chefe pode até ficar chateado se descobrir que você teve 54 horas livres ao longo do final de semana. (Mas nós não contaremos a ele!).

Indivíduos experimentando novas versões de si mesmos acabam formando novos tipos de comunidades. Se você passar algum tempo no mundo do empreendedorismo, começará a ouvir as pessoas dizerem umas das outras: "Ah, conheci fulano de tal no Startup Weekend".

Ao longo do tempo, o Startup Weekend continuará a criar laços frouxos entre as pessoas que têm algum interesse em empreendedorismo, e criará laços fortes também. O Startup Weekend já formou um tipo de vínculo de pessoas em comunidades que estão realmente comprometidas em fazer o ecossistema de startups funcionar.

Todos temos uma tendência de olhar para os grandes jogadores em uma economia — governo, grandes empresas, filantropos super-ricos — e esperar que façam ou destruam o sucesso eventual de nossa comunidade e nosso mundo. Mas agora há uma rede global de pessoas dispostas e capazes que estão comprometidas com o modelo de startup. Esses empreendedores — todos os empreendedores — são a mais poderosa força de bem no mundo.

Leituras Adicionais

NOTA: Os materiais SEGUINTES são aqueles que achamos especialmente úteis durante a nossa jornada empreendedora e não pretendemos que seja uma lista exaustiva.

Livros

...

- BACON, J. *A Arte das Comunidades Virtuais:* Construindo a Nova Era de Participação. São Paulo: Novatec, 2010.
- BELSKY, S. A Ideia é Boa e Agora? - Como Chegar a Grandes Resultados a Partir de Uma Grande Visão. São Paulo: Saraiva, 2011.
- BHIDE, A. *The Origin and Evolution of New Businesses.* New York: Oxford University Press, 2003.
- *BLANK, S. The Four Steps to the Epiphany:* Successful Strategies for Products that Win. San Mateo, CA: CafePress.com, 2005.
- FRIED, J. *Getting Real*: The smarter, faster, easier way to build a successful web application. Chicago: 37 signals, 2009. (Traduzido "Caindo na Real". Disponível em: http://gettingreal.37signals.com/GR_por.php).
- FRIED, J.; HANSSON, D. *Rework*. São Paulo: Lua de Papel, 2010.
- GODIN, S. *Você é indispensável?* A importância de quem inova, lidera e faz acontecer. Rio de Janeiro: Nova Fronteira, 2011.
- HSIEH, T. *Satisfação Garantida:* No Caminho do Lucro e da Paixão. Rio de Janeiro: Thomas Nelson Brasil, 2010.
- KAWASAKI G. *A Arte do Começo*. Rio de Janeiro: Best Seller, 2006.

- LIVINGSTON, J. *Startup*. Rio de Janeiro: Agir, 2009.
- MEDINA, J. *Aumente o poder do seu cérebro:* 12 regras para uma vida saudável, ativa e produtiva. Rio de Janeiro: Sextante, 2010.
- RASMUSSON, J. *The Agile Samurai*: How Agile Masters Deliver Great Software. Raleigh, NC: The Pragmatic Bookshelf, 2010.

Blogs e Outras Mídias (em inglês)

- "10 Inspiring TED Talks for Startups" http://www.readwriteweb.com/start/2010/07/teninspiring- ted-talks-for-st.php
- Jeff Bussgang, "Seeing Both Sides" http://bostonvcblog.typepad.com/vc/2009/11/whatmakes- bostons-startup-scene-special.html
- Tom Chapman, "Building an Entrepreneurial Ecosystem: Lessons from Omaha" http://www.scribd.com/doc/60113134/Building-an- Entrepreneurial-Ecosystem-Lessons-from-Omaha
- Brad Feld, "Feld Thoughts" http://www.feld.com/wp/
- William Fisher, "View from the Fishbowl: Noodling" (Silicon Prairie News) http://www.siliconprairienews.com/2011/06/ view-from-the-fishbowl-noodling
- Daniel Isenberg, "How to Start an Entrepreneurial Ecosystem" (HBR blog network)
- http://hbr.org/product/how-to-start-an-entrepreneurialrevolution/ an/R1006A-HCB-ENG
- Eric Koester, "Zaarly on Capitol Hill: Why the Startup Ecosystem Matters" http://www.xconomy.com/seattle/2011/05/13/zaarlyon-capitol-hill-why-the-startup-ecosystem-matters/

- Sarah Lacy, "Predictably Rabid: The Life and Times of Sarah Lacy" http://www.sarahlacy.com/sarahlacy/2008/07/the-postgets- m.html
- 37signals, "The Slicehost Story" http://37signals.com/svn/posts/2974-the-slicehost-story

Índice